日本人3.0

小笠原泰

ワニブックス
|PLUS|新書

はじめに

ここ30年の日本のパフォーマンスを見れば、〝衰退途上国〟という形容も、理解できなくはありません。

実際、内閣府が2023年12月25日に発表した2022年の一人あたりの名目国内総生産（GDP）は、ドル換算で3万4064ドル。円安の影響もあり、経済協力開発機構（OECD）加盟38か国中21位でした。イタリアに抜かれ、先進7か国（G7）で最下位になりました。台湾と韓国に抜かれるのも時間の問題でしょう。

一方、総名目GDPは、かなり前に中国に抜かれました。「3位の座は、インドが来るまではしばらくは安泰」と思いきや、現状の円安傾向からの抜本的な持ち直しがなかなか見えない中で、2023年の日本の名目GDPはドルベースで4兆2308億ドルとなり、4兆4298億ドルのドイツに抜かれ、4位に転落するとしたIMFの最新予測がでました。そして、実際、内閣府が23年のGDP速報値をドル換算したところ、日本は4兆2106億ドルで、ドイツは4兆4561億ドルとなり、4位転落となりました。「気がつけば、インドにも抜かれて5位に転落」という事態も、直近のIMF（国際通貨基金）の推計によると、2025年に起こるそうです。

ただし、この主因は円安なので、ドイツに対しては、来年以降に再逆転の可能性がないわけではないですが、戦後、成長しか見てこなかった日本社会としては、つらい現実です。

デジタル・テクノロジー革新で価値が急速にハード（日本のお得意のものづくり）からソフト（AGI［汎用《はんよう》人工知能］に向かうChatGPTなど）にシフトし、さらには急激な超少子超高齢社会化に見舞われる中、社会保障制度のみならず、社会システムの維持さえも危ういといわれます。

しかし、一億総中流を経験した国民の意識は「貧しさを憂《うれ》えず、等しからざるを憂う」という平等意識がとても強く、「格差感は縮小しても皆貧乏」という〝共同貧困〟に向かっているといえます。この格差という言葉は、数字が示す〝格差〟ではなく、あくまで格差〝感〟である点が重要です。このように書くと、日本は、お先真っ暗の没落国のように映ります。事実、一面は、まさに大航海時代の覇者であるポルトガルの没落の後を追っている様相です。

少子化による人口減少と超高齢社会化（絶対数および高齢者比率）を考慮して機械的に試算すると、日本の2050年の一人あたりGDPは現在の8割で、現在のポルトガルに相当します。かつて、世界をスペインと二分したポルトガル王国は、1755年に当時未曾有の被害をもたらしたリスボン大地震以来、長い衰退の道を歩んでいきます。大地震後のポンバル侯爵の強権政治、その後の産業の衰退、一次産業と観光業への依存、海外への移住、少子高齢社会化です。

一方、日本は、3．11東日本大震災と福島第一原発のメルトダウン、故安倍晋三元首相の事実上の権力の掌握《しょうあく》、ものづくりの機能不全、地方のインバウンド観光への依存、超少子超高齢化による高齢者ケアの財政的負荷拡大と、奇《く》しくも同じような道を駆け足で歩んでいるように私には思えます。

また最近は、海外を目指す若者が増えていることを、肌身で感じています。

つまり、われわれは、日本の長い衰退の始まりにいるのかもしれません。

“実験場”にいる私たち

ただ日本社会はよくも悪くも“個別最適”が極度に進み、城の石垣のように精緻《せいち》に組み上がってしまった社会です。変化適応は難しいものの堅牢《けんろう》なので、すぐに壊れることもないはずです。それゆえ時間的余裕はあります。

とは言え、日本は超少子超高齢社会化、産業力の低下、社会と人材のデジタル化への適応不全、社会インフラの老朽化、政治不信など、山積みの課題に直面しています。

なかでも11年も続けた異次元の量的・質的金融緩和の後遺症は深刻です。2024年3月にYCC（イールド・カーブ・コントロール：日銀が長短金利全体を超低金利でコントロールする）を廃止し、11年に及んだ異次元の金融緩和は終了し、17年ぶりの利上げを決めたわけですが、これは名ばかりの利上げであり、結果は、想定外の円安の進行を招きました。

コロナとロシアのウクライナ侵略以来の資源高と、物資の滞留による輸入インフレに円安が加わることでインフレが進行し、政府が企業に賃上げを強いるも、実質賃金の低下は止まりません。これは、政府の言うデフレから良いインフレではなく、明らかに、デフレーションからスタグフレーション（景気が停滞後退していく中で物価上昇が同時進行すること）に思えます。

日本社会は、異次元金融緩和の後遺症と言うよりは、薬物依存症にかかった状態といえるかもしれません。政府は、それを良いことに、選挙に利さない痛みを伴う依存症の治療は避けて、財政規律ナシで何でもバラマキを行うので、国家債務の肥大化は止まりません。

このようにあげれば課題は無数にあります。日本は、世界的に見て「最先端課題解決実験国家」ともいうべき興味深い存在だと思います。

日本がどうなるかを見ている他の先進国の政治家は「日本がうまく生き延びれば、緊縮財政なしの無痛改革もできるかな」と思うかもしれません。その意味で日本はいわば、世界の「炭鉱のカナリア」なわけです。もし、構造的なデフレ圧力をしのぐ悲惨な極度のインフレ（円は弱い、物価は上がる、国の累積債務は際限なく増加する、実質の給与は上がらない）となると「炭鉱のカナリア」は死ぬので、そのリスクは心の隅に置いておくほうがよいでしょう。

それ以外でも、日本社会には興味深い萌芽《ほうが》があります。

権威主義的な政治家が出てきても、自衛隊は国民に銃を向けそうもありません。上級国民と言われようが偏差値が高いだけで、本当のエリートや大金持ちもいないので、メディアが格差を強調して分断を煽《あお》っても、一時的に炎上するだけで、他の国のような分断は起こりそうもないです。

日本は、政府や法律ではなく、大衆の感情が支配する究極の大衆民主制度国家です。

文部科学省の目指す〝一億総高学歴社会〟が虚妄《きょもう》であることを理解する学生は、大学進学は「どこ大学卒」の証書を得るためと割り切り、大学受験の勉強は、学ぶものではなく、ゲーム感覚で、テクニックで効率的に高得点を取ることに注力しています。

ここでいう〝一億総高学歴社会の虚妄〟とは、大学進学率を高めたいがために、大学生の品質管理には目をつぶり、トコロテン方式でなんとか卒業させ、結果、スキルもなく低品質な〝大卒〟が量産される事態を指します。

ですから入学後の学生は、大学の講義については単位取得重視。実際は、学外で多くの経験を通して役立つスキルを獲得することに注力しています。つまり、国家の管理する高等教育の限界を理解しているわけです。企業も就職活動をする学生に対し、エントリーシートに「大学時代に力をいれたこと」、いわゆる「ガクチカ」を書かせたりしますが、そのテーマはほぼ学業以外です。

また、いまの若者には「愛国心が低い」という傾向もあります。戦争があれば逃げるといいます。それが悪いという民族主義者もいますし、自分は戦争に行かなくてよい高齢者が批判したりしてもいます。しかし世界の若者の多くが「戦争するなら逃げる」という姿勢なら、世界は平和になるでしょう。これも、ある種の実験かもしれません。

このように見ると、たしかに国民も国家も「老朽化」していますが、一概に「日本はこのまま後進国に仲間入りする」とは断定できないでしょう。

個人の観点から考えると、このような〝実験場〟にいることは、リスクと背中合わせです。それを理解せず「いまが、そこそこ豊かで幸せなので、将来みんなで貧しくなる可能性についてはあえて考えない」という〝茹《ゆ》でガエル状態〟でいるのは、リスクもさることながら、もったいないことであるといえます。将来に向けた、新たな体験と学習の機会を無駄にしていることになるからです。

あなたはどう生きるか

日本という国家をどうするかを論じるのは、簡単ではありませんし、私の任を超えています。そこで、この本では、国ではなく、個人にフォーカスして、「将来に開いた日本人とは」というテーマで論じてみたいと思います。

ビル・ゲイツが、『フォーブス』誌で、「われわれはいま、AIの時代にいる。速度制限やシートベルトができる前の不確実な時代に似ている」と言っています。

本書のタイトル・テーマでもある「日本人3．0になる」とは、今後も続く変化の激しい不確実な環境に適応して、個人の多様性と個性を前提に、自らの進むレールを敷いて、自己投資を通して自分を成長させ、変化の荒波を泳ぎ切ることです。

そしてその結果として、「今後の激しい変化を生き抜けること」と「社会の進歩のエンジンになること」が、「日本人3.0になる」ことのメリットといえます。

一方、「日本人3.0にならない」とは、かぎりない結果平等を目指した政府、もしくは社会の敷いた「ふつうという名のレール」をみんなで走るのがいいという、個人の判断停止を求める暗黙の了解・圧力のもとで、現実には荒波の向こうでレールの先がなくなっているにもかかわらず、それでも、みんなと一緒にレールに沿っていくことです。

その結果は、いうまでもないでしょう。

「最新」の日本人である「日本人3.0」になり、混沌《こんとん》とした時代に生き残ることとは、具体的にいったいどういうことなのでしょうか。「どのような日本人像なのかイメージしてみたい」という方は、ぜひ本書を読み進めてください。

「日本人3.0」になることは、姿勢のあり方なので、実はそんなに難しいことではありません。あなたの心ひとつにかかっています。

目次

はじめに 3

〝実験場〟にいる私たち 6
あなたはどう生きるか 10

序章 「最新」の日本人になれる人、なれない人……21

「最新」の日本人になれる人とは 22
「日本人1.0」とは 27
「日本人2.0」とは 29
「日本人3.0」とは 31
日本人のバージョンをヨットの操縦にたとえると 33
「日本人3.0」になるメリット、ならないデメリット 36

第1章 「日本人3．0」の必須知識――政治・国家……39
国家の本質とは 40
国家における「分厚い中間層」の重要性とは 44
日本は「変わりたい？」それとも「変わりたくない？」 48
社会を変えたくなければ多様化しないのは〝当然〟 51
戦後の日本政治のおきまりパターン 52
「やってる感」がとても重要、つまり結果は重要ではない 54
運用適応でその場をしのぎ、抜本的改革はしない 55
既成事実を作り、予定調和による〝結果としての変化〟 57
外圧に弱い日本国家 60
第2章 「日本人3．0」の必須知識――社会システム……63
「社会システム」とは何か 64

経験値の少ない国、日本　65
「変わらない」が埋め込まれた日本社会　68
超高齢社会化の意味するところ　73
「考えない」を埋め込む日本社会　74
疑念を持つことは、悪なのか　77
中流幻想から抜けられない社会　81

第3章　「日本人3．0」の必須知識——企業……87

脱皮の条件　88
国と違い、生き残らないといけない企業は合理的　89
自ら変革し、グローバル適応に踏み出す企業　91
事業のグローバル展開で変化を強いられる企業　95
グローバルに強い会社というパラドクス　100
組織改革を断行する企業　103

業界という切り分けは通用しない　104
発想の転換を求められる日本企業　108
日本企業で働く日本人は、置いていかれる？　110
〝キョロちゃん〟からの卒業　112

第4章　「日本人3．0」の必須知識――日本人……115

「日本人は文化と伝統を重んじる」とは本当か　116
「美しい日本」はどこへ行った　118
そもそも文化とはなんだ？　121
日本人は食に対して保守的か　126
消えた「口中調味」　129
生食は、日本の伝統か　131
生しらす丼は〝伝統〟なのか　134
日本人は、なぜ何でも生で食べようとするのか　137

「節操がなく飽きやすいイベント好き」が日本人の本質　139
日本人の得意とすることベスト5　143

第5章　「日本人3．0」の必須知識――メンタル……149

「持続的変容性」という日本人の本質　150
「持続的変容性」の意識は、封印されている　151
「伝統重視の同質性」「持続的変容性」は、公と私の領域なのか　153
「持続的変容性」の心性が意識されない理由　155
「安心」とは「安全」とは　158
安心信仰と自粛警察のメカニズム　163
「リスク」は「危険」にあらず　167
安心感のための「リスク回避」が意味すること　170

第6章　「日本人3．0」の必須知識――判断と選択……173

考えを「安心」から「安全」にシフトする　174
「安心教」の棄教《ききょう》と自己判断　177
政府依存症社会は安泰なのか　179
ご都合主義の政府についていくとはしごを外される？　182
「当たり前」に疑問符がつくとどうなるか　184
「リスク・テイク」の前に個人として必要なこと　186
国家の威信と産業政策は万能なのか　191
ヤマメにとどまるか、サクラマスになるか　195

第7章　「リスク」を取るか、回避するか、それが問題だ……199

「自分の人生を自分でコントロール」したくない？　200
「自分の人生を自分でコントロールする」というマインド　201
選択の自由の境界は日本に限定しないほうがよい　202
働き方もアンバンドリング　207

「リスク・テイク」と「自由」の関係 212
何事にも「リスク」は存在すると考える欧米社会 213
「リスク・テイク」のメカニズムはどこでも同じ 218
欧米における「リスク・テイク」の背後にある考え方 219
変化にチャンスを見出すか、困難を見出すか 220
日本社会の中での「ファースト・ペンギン」に 222
「リスク・テイク」の初めの一歩を踏み出すのに勇気は必要か? 223

第8章 「日本人3.0」になるために今からできること……225
「持続的変容性」を因数分解する 226
「こと」的発想の重要性 232
個人として、「いまからすべきこと」 234
必須の心構えとは 236
日々の心得と行動について 242

「既存の日本社会システムの枠から、自ら外れる」方法 244
「リスクを取ってサクラマスと同じことができる」方法 245

終章 「最新」の日本人として生きる……253

「居心地がいい」は、良いことか 254
自由にいられる居場所を見出す、ルートのない登山 256
過去は振り返らず、前を見よ 257
重要なのは、年齢ではなく、気の持ち方 258
潮目は変わりつつある 261

おわりに 266

「弁当」という枠組みすら超越していく 269

序章　「最新」の日本人になれる人、なれない人

「最新」の日本人になれる人とは

少し難しい話をします。

加速化するデジタル・テクノロジー革新とグローバル化の中で、「本心では多様化に反対で、変わりたくない、変えてはいけないと変化に抗《あらが》う国家・政府」と「生き残るためには急速に変わらざるをえないことを理解し、価値を創出するための多様化組織への痛みを伴う変身を始める合理的な企業」の間に、「リスク・テイクの判断を迫られ、変わらなければいけないと思いつつ、頭と体が動かない・動かしたくない個人」が存在している。それが、いまの日本の現実です。

この構図の中でパワー（実質的支配力と権威）は、国家から企業と個人にシフトしています。このパワーシフトの中で、「日本人3．0」という議論を展開していきたいと思います。

最初から結論じみていますが、「『最新』の日本人になれる人、なれない人」について見ていきましょう。

わかりやすいように対比形式で記載します。

● 「国を積極的に必要としない」と「国を積極的に必要とする」の差
● 国家に対し「参加意識か」と「帰属意識か」の差
● 「判断して行動する」と「論じるだけ」の差
● 「リテラシー（知的武装）を高める」と「教養（蘊蓄《うんちく》を語る）にこだわる」の差
● 「地雷原を走破する」と「地雷原を避ける」の差
● 「変化を機会と見る」と「変化を危険と見る」の差
● 「危機こそ自己変革の好機と思う」と「危機は怖いので見たくない」の差
● 「安全性が大事か」と「安心感が大事か」の差
● 「見たことのない海外に行きたい」と「知らない海外には行きたくない」の差
● 「競争は歓迎」と「競争は避けたい」の差
● 「願いより夢が大事」と「夢より願いが大事」の差
● 「トップを伸ばすのが先」と「底辺を引き上げるのが先」の差

●社会と政治の慣性に「流されない意志を持っている」と「気づかず流されている」の差

●「あくまで個人で見るか」と「平均とカテゴリーで見るか」の差

●「大きいこととただ新しいこと」を「重要視しないか」と「重要視するか」の差

●「一億総何々」という表現に対して「違和感あり（おかしい）」と「違和感なし（当然だ）」の差

●「勘・経験・度胸」を「過去の遺物と思う」と「まだ意味があると思う」の差

●ラグビーワールドカップ日本代表のメンバーを見て、「日本代表として違和感がないと思う」と「日本代表とは、なんか違うと思う」の差

●事なかれ主義に対して、「違和感あり（なんか変だ）」と「違和感なし（そりゃそうだ）」の差

●「自分の意見を言う、間違いは間違いと言う、衝突も辞さない」と「意見しない、刃向かわない、ぶつからない」の差

●「生き残るのは個人と考える」と「生き残るのは国と考える」の差

●自分は「マイノリティで問題がない（多様化の行きつくところを知っている）」と「マジョリティであることを必要とする（多様化は嫌だ）」の差

●日本語を母国語にするかぎり日本人は日本人であるが、「日本語の世界の限界を理解しようとする」と「理解（自覚）しようとしない」の差

●「常識は疑ってかかる」と「常識にはまず従う」の差

●「現実を直視して向き合う」と「根拠のない楽観主義で現実を見ない」の差

●「格律（カントの定義では各人の採用する主観的な行為の規律）を持つ」と「道徳律が普遍的であると信じて、それに従う」の差

●ストレスを感じた時に、「ストレスの原因を解決しようとするか」と「ストレスを忘れようとするか」の差

いうまでもありませんが、以上に挙げた2つの分類のうちの前者が、「『最新』の日本人になれる人」であり、後者が「『最新』の日本人になれない人」です。要するに最新の日本人になれるか、なれないかは、過去の切断をできるか、できないかの違いです。

つまり、「『最新』の日本人になれる人」とは、過去との断絶を気にしないということです。少し難しく表現すると、いままで学んだことを意識的に否定する「脱学習」ができる人といえます。

「これじゃ、日本人じゃないだろう」という読者の方もいるかと思いますが、私の日本人の定義は「母国語が日本語であること」なので、日本語を母国語とするかぎり、「これでも、日本人」です。

簡単に言うと、社会が課す制限、いわゆる〝リミッター〟を外して、自分のＯＳのバージョンアップを志向する人と、しない人の違いでしょう。

この「『最新』の日本人になれる人、なれない人」というのは典型的な分類であり、実際にはここまで典型的な人はかなり少ないはずです。

ここで重要になるのは、読者の皆さんが、２つのうちのどちらの分類にあるかということではなく、どちらの分類を見ているかということです。

「日本人1.0」とは

次に本書のタイトルでもある「日本人3.0」という言葉について考えていきましょう。戦後の日本人を、「日本人1.0」、「日本人2.0」、そして、「日本人3.0」に分類してみます。

「日本人1.0」が大多数であった時期というと、安保闘争を経験し、政治の話を封印した池田内閣から、自民党を壊そうとした小泉内閣あたりまででしょうか。

またその人物像を形容してみると、経済的豊かさの追求と日本語にしか存在しない〝国際人〟を夢見たガラパゴスの生き物。大雑把にいえば、次のような人です。

- 「日本人（像）とは」を実は知らない。つまり「『日本人とは何か』について一番知らないのは日本人である」という事実を理解していない人
- 「日本人は、理由なしに特殊で優秀だ」という言説を当たり前として肯定する人
- ナショナリズム意識から外国人を〝ガイジン〟と呼んでしまうように、

古典的な〝差別意識〟を持つ人

●環境変化の中でも「日本人（像）とは」（本来の日本人とはこうだ）が変化しないと根拠のない確信を持つか、そのこと自体が頭に上らない人

●物質的な豊かさを判断の基準としている人

●ナショナリズムの持つ優越感と外的拡張志向が強い人

●国家という枠を当たり前の絶対前提として、意識さえしない人

●帰属集団で戦う人（社畜）

●拡大志向の社畜スイミー（レオ・レオニの原作の解釈とは違います）で、集団特性はあるが、個の特性は見えない集団に属する人

●中流というカテゴリーを実感する人

●新製品が出ると何でも買い替える人

●政府が書いた日本という国家に意識を収斂《しゅうれん》させる物語を信じて疑わなかった人。

つまり、多様化は頭の中にない人

「日本人2.0」とは

まず「日本人2.0」が出現した時期については、政治の話を復活させた（第1章で述べます）第一次安倍内閣から菅《すが》内閣まででしょうか。

その流れは、たとえて言うとグローバル適応を試みたのに諦めてしまったシーラカンスのようです。ご存じのように、シーラカンスは陸に上がることを一度試みましたが適応できず、再び海に戻りました。つまり進化を止めて、天敵の少ない深海に潜ったわけです。2000年に入って以降の日本社会は、シーラカンス化していると形容できます。

どのような人たちか、描写してみましょう。

● 失われた30年の低迷という現実を横に置いて、理想としての「日本人（像）とは」というイメージを持って、それを積極的に肯定する人

● ナルシシズムの意識が強く、「美しい日本」という理想としての「日本人とは」から乖離《かいり》してしまった現実の日本人（像）を受け入れることが困難になり、現実を無視

して、自分の理想としての「日本人(像)とは」のイメージを守ることを優先し、想像上の自分と理想としての「日本人(像)とは」との一体感を重視して現実から乖離していく人。ゆえに、外国人を使ってまで日本を〝自褒め〟することを歓迎する人

● 環境変化を感じてはいるが、変わりたくはなく、変わらないようにしようとするので、環境変化に適応できず、結果的に変わってしまい、〝世界のガイジン〟への道を歩む人

● 現実から逃避し、内を向いて、外は見ないことにしてしまう人

● ナルシシズムの持つ内的縮小志向が強く、国家という枠を強く意識する人

● 国家への帰属意識の確認が必要な人

● 縮小志向のスイミーで、やはり、集団特性はあるが、個の特性は見えない人

● 中流カテゴリーに執着する人

● 簡単で、すぐクリアできるゆるいゲーム、いわゆる「ゆるゲー」と化した〝ネバーランド〟の住人になる人

● 中古品より、新品が好きな人

●国家に意識を収斂させる物語を必死に探している（国畜化に向かう）人。
つまり、多様化に向かう現状を無視したい人

いうまでもないですが、この「日本人1．0」と「日本人2．0」は「『最新』の日本人になれない人」です。

右の2つの対比に違和感を覚えて、過去と断絶したら日本人ではないだろうという人は、この「日本人2．0」ではないでしょうか。

逆に、この「日本人1．0」と「日本人2．0」の特徴をみて、今後の日本はどうなるのだろうと思う読者の方もいらっしゃると思うので、まだ、予兆でしかない「日本人3．0」の特徴を挙げてみたいと思います。

「日本人3.0」とは

「日本人3．0」が目につき始める時期は、判断停止と操縦不能の無機質、無感動、無

責任な岸田内閣以降です。

- ●国境を意識しないサクラマス（川から海に出て大きくなって戻ってくる）、つまり、自己の成長のためにリスクを取れる人
- ●いまの自分自身を信じて、突き進むことができる人
- ●現実を直視し、事実としての日本的な思考や個人と組織の行動特性の理解を通して「日本人（像）とは」を把握して、それをコントロール・マネージできる人
- ●日本人というバイアスを理解できる人
- ●日本という国に参加するメンバーであって、「日本人（像）とは」は、日本人というvehicle（媒体・乗り物）であり、アイデンティティのひとつでしかないと思う人
- ●「日本人（像）とは」を変えないために、どう変わるかを考えている人
- ●国家という枠を必ずしも前提とせず、国家への参加意識を持つ人
- ●理想と言われる日本人像に自分を寄せて個を失うのではなく、自ら日本人を体現して、個人で戦う人

●平均値とカテゴリーを気にしない人
●シェアなので、新品でなくても中古品で問題ないと思う人
●国家に意識を収斂させる物語への関心の薄い人。

つまり、環境の多様化は歓迎であり、自分自身もメタ化（自分に対する認識を、さらに高次の視座から俯瞰《ふかん》して認知すること）してしまう人

以上が、「日本人3.0」の特徴ですが、前述したように、「日本人3.0」は、過去との断絶を気にすることなく、いままで学んだことを意識的に否定する「脱学習」ができる人といえます。

日本人のバージョンをヨットの操縦にたとえると

ここで、「日本人1.0」、「日本人2.0」と、「日本人3.0」をヨットの乗り手に置き換えて、分類してみます。

●「日本人1.0」……追い風のもと、しゃにむに働くが、基本は「ランニング〔追い風（追手）を受けて走ること＝実は簡単ではないですが〕」で前進した人

●「日本人2.0」……風が追い風から凪《なぎ》、そして、逆風に変わり、現状維持の「アビーム（横風航）」のつもりが、実は「クォーター・リー（4分の1ズレた角度の風下へ向かう）」で着実に後退している人

●「日本人3.0」……逆風であっても「クロース・ホールド（風上帆走）」で、前に進んで行ける人

右のような感じでしょう。これを読むと「世代の分類ではないか」というご意見が聞こえてきそうです。しかし年寄りとは、年齢ではなく、「得るものより、失うもののほうが多いと感じる人のこと」と定義できるのではないでしょうか。年齢との相関はもち

ろん高いですが、年齢だけで決めるものではないはずです。だからこの3分類も、個人の考え方や姿勢のことと捉えてください。

　この3分類も、「『最新』の日本人になれる人、なれない人とは」と同様に、典型的な分類です。現実的には、誰しもがこの3つの分類の要素を持っていると思います。

　ここで重要になるのは、読者の皆さんが、どの分類の要素が強く、今後、どの分類の要素を強化していきたいと考えるかです。

　以下の章で、「日本人3.0」に脱皮するために知るべきこと・克服すべきことを展開していきます。

　ディズニーの魔法ではないので、当然のことながら、願えば明日から「日本人3.0」になれるわけではありません。敗戦後の日本人は、突如「天皇陛下万歳」から「民主主義万歳」と呪文を180度変えて、新生日本人となることを願いました。でも個人の権利の理解は表層的な文言止まりで、その本質を理解できてはいない（なぜできていないかは後述します）ので、日本人の中身は本質的には変わらなかったわけです。それが、いまのG7の中で、日本だけが異質な理由の根幹でしょう。

グローバル化と多様化と加速化するテクノロジー革新という不可逆な環境にあって、日本の状況は「脱皮をしない蛇は死ぬ」という比喩に近い気がします。

いまの日本は、まさに脱皮できずに、もがいている状況なのです。超高齢化に急速に進む日本社会では、脱皮を忌避する人が多いのが現状でしょうが、個人として意識して脱皮を受け入れないと「日本人3．0」には、まずなれません。

「日本人3.0」になるメリット、ならないデメリット

最後に、「日本人3．0」になることのメリット、ならないことのデメリットについて触れておきます。

多様化は、もはや世界中でうねり（標語）のようになっているので、反対者もいますが（反対者も包摂するのが、本当の多様性です）、その流れは止めようがなく、デジタル・テクノロジー革新と相まって、社会は大きく変わってきています。その変化の中では、これまでのやり方・常識は、機能しなくなります。つまり、これまで当然と思っていた

社会の恒常性は失われていきます。

　WBCで優勝した日本チームを見ればおわかりかと思いますが、これまでの高校野球から引き継がれた「先輩・後輩」という肩書による上意下達式、集団優先の体育会式のスタイルではなく、実力ある複数の個人がそれぞれの強みに応じてチームを引っ張るスタイルが機能することが示されたわけです。これは、サッカーのワールドカップの決勝で競ったメッシとエムバペ（その実力ゆえに守備を免除される）を見てもわかります。

　そもそも、多様化は〝パンドラの箱〟なので、都合よく止めることはできません。その変化に適応するか、しないかの問題なのです。

　大勢の信徒が「神殿」の周りを回るかのように、パンドラの箱の周りをぐるぐると回っている、というのがいまの日本の状況でしょう。しかしパンドラの箱は早晩開かざるをえないはずです。そうなると、日本得意のスイミー集団戦略で勝てる時代ではまったくなくなってしまいます。

「日本人3．0」は、個人起点なので、常識がつねに塗り替わる変化前提の社会で、能動的に変化に適応することで、その個人の生き残る確率は高くなります。つまり、「日本人3.0」になることで、いまの日本を覆う将来への閉塞感《へいそく》を打開し、前を向いて、進めるでしょう。そして「得るもののほうが失うものよりも多い」、そう実感しながら成長できるはずです。

一方「日本人3.0」にならないと、集団起点の発想のままなので、将来への閉塞感が前提になり、将来の希望は持てないまま、それでも「みんなで明日も今日と同じ日が来る」という安心はある状態で、「得るものより失うものが多い」と感じながら生活を送ることになるでしょう。それはそれで、人生かと思います。

要は、「日本人3.0」になることを選択し、将来を見て、落ち着かない・居心地はあまり良くないけど新鮮な日々を送るか、「日本人3.0」にならないことを選択し、いまを大事に、慣れた居心地の良い安寧《あんねい》の日々を求めるかではないでしょうか。

実際、大谷翔平選手を筆頭に、最近の若者の中には、とてもしたたかに軽やかで自由な「日本人3.0」だと感じる人が、かなりの数、存在します。くわしくは後の章で書きますが、本当にたくましいと思います。

「日本人3.0」になるか、ならないかは、あなたの選択次第です。

第1章 「日本人3.0」の必須知識――政治・国家

国家の本質とは

まず、「政治」について見てみましょう。政治には社会の特性が凝縮しているので、日本の政治のおきまりのメカニズムやパターンを理解しておいたほうがよいです。

最初にですが、国家（公権力）というか為政者《いせいしゃ》（権力者・政治家）の本質は、洋の東西を問わず、あまり変わらないと思います。

為政者は、既存の権力（他者の現在・未来の意思決定を変えることができる力）の維持の観点から、社会の安定を優先します。つまり、社会の安定は、庶民の生活を向上させることが第一の目的にはないわけです。

庶民の生活レベルは、既存の権力構造がひっくり返らない程度にしておけばよいわけです。なので、為政者（政治家）のいう社会的安定が庶民の利益につねに合致するかどうかはわかりません。

昔は力ずくの圧政で社会の安定を維持することがつねだったので、革命も起きたわけです。しかし、民主制という国民全員が選挙権を有する普通選挙が一般化してくると、表面上は民意を尊重せざるをえなくなっていますよね。

国家とは、有権者という一株株主による独占企業ということもできます。

このような国家にとって、選挙制度による庶民（株主）の意志（民意）を尊重せざるをえないなかで、民意の尊重を多数の支持を得たことにすり替える（前提として、民主主義制度においては、選挙における少数派は選挙の結果を受け入れるが、選挙に勝利した多数派は、少数派の意見を尊重することがルールではあります）ことで社会の安定を維持し、それにより政治家（国の経営者＝為政者）自らの権力の維持を図るというのが政治の基本的構造だといえます。しかし、よく考えればわかりますが、このすり替えは、為政者の合理化・心の平穏のための理屈であって、社会の安定・維持を保証するものではないのではないでしょうか。

つまり、政治家の側から見れば、賢くあってほしくない庶民の総意をなんだかんだ丸く収めて社会の安定を維持できることは歓迎すべきことであり、それが政治家の目的になります。

ロシアや中国でさえも一応、国民の選挙が前提にあります。つまり、建前上、政府の強権で社会の安定を表面上でも維持することは、国際社会では認められにくくなってきています。もっとも北朝鮮は国際社会とほぼ絶縁しているため、この範疇《はんちゅう》には含まれません。

いまの世界の流れが示すように、「貧しい民主主義」よりも「豊かな権威主義（習近平《しゅうきんぺい》のいう「共同富裕」）」のほうがまし、つまり、「（共産主義などの）イデオロギー」よりも「豊かさ」が、権力維持が至上の政治家にとっては重要になります。

しかし、ロシアを見ればわかりますが、国家（為政者）は、「豊かさ」を担保できないと愛国心や自己都合の歴史やイデオロギーを持ちだしてきます。最後は、権力維持のためにはあらゆる詭弁《きべん》を弄して、国民を殺すこともいといません。「共同富裕」が怪しくなっている中国も「習思想」の刷り込みを始めているので、同じ道を歩むかもしれません。これが、国民国家という装置の本質です。

さて日本ですが、報道によると岸田首相は「なぜ総理大臣を目指したのか」という中学生からの質問に「政治家になってみると、やりたいと思うことを実現する、やめてほしいと思うことをやめてもらうには、やはり力をつけなきゃいけない」と答えました。

そして「総理大臣は、日本の社会のなかで、一応〝一番権限の大きい人〟ということなので、総理大臣を目指した」と強調しました。権力の誇示を憚《はばか》らなかった菅前首相に比して、岸田首相は、権力志向は薄そうな印象です。

しかし、この中学生の質問に対して、本来であれば、「日本社会のために、こういうことを実現したいので、総理大臣を目指した」と答えるのが、まともなのではないでしょうか。それを、「日本の社会のなかで一番、権限の大きい人なので目指した」と答えた岸田首相の本質は、やはり権力志向なのではないでしょうか。

ここで、「一番権限の大きい人」という表現の中にある「権限」という言葉を考えてみましょう。

「権限」とは「正当性」を根拠とする「他者の意思決定を変える力」のことです。「正当性」とは「正式に認められたもの」ということで、法令や職務《しょくむ》分掌《ぶんしょう》など、客観的に規定されているものを根拠としています。

そして、「限」という語がついているように、「力を行使できる範囲」があらかじめ定められています。しかし、権威主義国家を見れば明白なように、権限の背後にある根拠は恣意《しい》的に変更可能なので、基本的には、権限は権力（実質的支配力としての権限〔正当性〕・権威〔正統性〕を併せ持つ）に近いと思ったほうがいいと思います。

政治家の権威が低い日本で、〝検討使〟や〝増税メガネ〟などと言われ、存在感の薄い岸田首相でさえ、基本的な考え方は権力志向だということです。それが、政治家であり、国家権力の本質なわけです。

国家における「分厚い中間層」の重要性とは

これまでの国民国家の成長と安定を支えてきた「分厚い中間（中流）層」が、日本だけでなく先進国でも衰退してきています。

１９９０年代半ばから急速に、付加価値創出のエンジンが、工場労働のような個人差のない時間労働から個人差が前提の知識労働に移行してきているので、時間労働で拡大した中間層の所得分布が、上方と下方に分散して、ベル型の正規分布から、フラットな分布になるのは当然ですが、日本政府はこの分散化を憂えて、分厚い中間層の復活に固執します。

実際、統計データを見ると、1994年から2019年までの間に、20歳から64歳の男女の所得の最上位20％と最下位20％の差は拡大しています。

しかし、厚生労働省が2018年に実施した「平成30年国民生活基礎調査」によると、世帯所得の中央値は423万円とされています。

世帯所得の推移を等価可処分所得（世帯の可処分所得を世帯員数の平方根で割った値）で見ると、バブル崩壊《ほうかい》後の1997年の297万円を頂点に下降し、2000年代前半から、2018年まで、約10万円減と緩やかに下降しています。とはいえデフレ傾向の影響を考えると横ばい状態にあるといえます。これは「2019年国民生活基礎調査の概況」（厚生労働省）という資料に明らかです。

つまり、個人の能力差を前提に置かない分厚い中間層の中で、給与が上がった人、維持した人、下がった人がいるということです。

まさに、個人差前提の知識労働の結果といえるでしょう。

分厚い中間層が、給与が上がった人、維持した人、下がった人へと山が崩れて平たんになったわけなので、塊としての中間層という存在は弱まってきています。しかし「意識としての中間層」は、収入が低下しても、急には変わりません。その中間層意識が弱まるにはまだ時間がかかるでしょう。

構造的に格差を広げる知識労働を唱道する政府が、それとは相反する分厚い中間層の復活を主張する理由はどこにあるのでしょうか。

実は、政府（為政者）にとって、社会を管理するうえで分厚い中間層はとても重宝します。正規分布的に見て、国民の大多数が中間層だと自覚することは、社会の安定、つまり、為政者による社会の管理のうえで好都合です。

豊かになる過程で、メディアの話題や生活パターンや購買行動や考え方が同質化することを通して、国民の多くが、自分たちは似た者同士（同型性が高い）という意識を持っていきます。これは、ナショナリズム意識の成り立ちに似ています。

この集団が大きくなる中で国家は、共通の社会規範を強化し、中間層という意識を持たせ、中間層というカテゴリー（かくあるべきというモデル）を作り上げ、多くの人々がそのモデルに合わせようとするので、思考や行動がいっそう近似してきます。この同質化は、社会での子供の教育を通して再生産され、強化されます。

これは、為政者にとって、社会を管理するうえで好都合です。

人間は不幸にして一般化をするので、たとえば男か女かといったカテゴリー化を好みます。ひとたびカテゴリー化が行われると、人は、自らをもそのカテゴリーに合わせていきます。中間層というカテゴリーもそのひとつです。

加えて、政府は統計的数字を使って、統計的平均（これは虚像で実際は存在しませんが）を多用します。カテゴリーと同様に、人はこの平均像に合わせようとします。つまり、カテゴリー化と平均像によって、中間層意識は強化されるということになります。

このように、カテゴリー化と平均像によって中間層は同質化していくので、管理は容易になります。これこそが、為政者の望むところです。

分厚い中間層がいるかぎり、社会規範は大きく変わることはないので、社会は安定的で内部から変化はしないということです。バブル景気を経て、国民の9割近くが中流と思っている日本社会なので、変化しないのは道理かもしれません。

実際、国民の中流意識はいまでも強いです。年収300万円以下でも「中流」と思っている人がいるくらいです。もっとも「自分から中流意識を否定したら終わり」と考えることもできます。世帯年収が低くても資産が多い人は別かとは思いますが。

日本は「変わりたい？」それとも「変わりたくない？」

政府は多様化と言っていますが、本当に多様化したいのでしょうか。同質化が前提の組織の観点からすると、組織効率を下げる多様化は歓迎されません。国家も同じで、多様化すると合意形成が難しくなり、組織効率は悪くなります。

多様化が進むと、社会は当然分断されます。そして、多様化が相当程度進むと、みんながマイノリティ意識をもつので、分断も解消していくことになります。

論理的には、多様化の行きつく先は、全員がマイノリティとなり、多様化という概念もなくなるはずです。しかし、人間は群れる生き物なので、全員が「マイノリティで大丈夫」とはならないでしょう。余談ですが、日本に限っていえば、これまで相当な同調圧力の中にいて、それがウザいと言っていたわけですが、いざ、その同調圧力が急速に弱まると、突如不安になって、もとに戻ろうとする動きが出てくると思います。

ですので、多様化を社会のサブ・グループ化とすると、社会の中で少数派のグループが社会的に多数派と同等の権利を得ていないケースが多く、多様化の過程で少数派の権利の問題が絡んでいきます。多様化は政治と切り離せなくなり、社会は多様化の過程で既得権を守る多数派と新たな権利を要求する少数派に分断されていくことになると思います。それがいまの欧米社会です。

しかし欧米の政府は、ポリコレ（反対が難しい正論）への配慮もありますが、多様化しないかぎり豊かさを担保する付加価値の創出ができないので、多様化は「致し方ない」としているのが現状です。

同質化をしてきたことで、価値提供の飽和状態にある先進国社会で新たな価値を生み出すには異質な観点が必要なので、多様化は必須だというわけです。

さて、いまの日本ですが、保守派を慮《おもんばか》るとの話もありますが、時の岸田首相が、同性婚の話程度で、「社会が変わってしまう」と言うくらい社会の変化には否定的だと思います。

この発言を野党に追及されると、岸田首相は、「ネガティブか、ポジティブかは別として、変わってしまうという、この結果をもたらすから、議論を深めることが大事だという形で、そういう表現をすることはあり得る」と答弁しています。しかし、一般的な国語理解では、「変わってしまう」は否定表現です。彼の言う趣旨なら「社会が変わる」でよく、一般的にマイナスの価値観を含む「変わってしまう」を使う必要はないかなと。なんと答弁しようとも、「社会が変わってしまう」という表現を自然に使うのですから、「社会が変わること」を本心としては明らかに否定的に捉えているわけです。

岸田首相の本意は「多様化」ではなく、単に「旧態依然の家族制度の維持」という文脈での発言かもしれません。いずれにしても同性婚の先についての展望についての言及はないので、結果として日本は「本心では多様化に反対で、変わりたくない、変えてはいけないと、変化に抗う国家・政府」といえます。

「一億総何々」という政治家の決まり文句を見ても、国家は、日本社会が本質的に同質であることを指向しています。

社会を変えたくなければ多様化しないのは〝当然〟

そもそも、昔から日本は基本的に変わりたくないのかもしれませんね。

少し歴史の話になりますが、変化を忌避する傾向は昔からあると思います。江戸時代の話ですが、1721年に八代将軍であった徳川吉宗は「新規御法度《ごはっと》」を発しました。

そのお触書《ふれがき》には、次のように書かれています。

「一、呉服物、諸道具、書物はいうに及ばず、諸商売物、菓子類も新規に巧出することを、今後堅く禁ずる。もしやむをえない仔細のある者は役所へ訴え出て、許しを受け巧出すること」

「一、諸商物のうち、古来通りですむ物を、近年色を変えたり、数奇《すき》に作り出す類の物は、おって吟味し禁止を命ずるので心得おくこと」

つまり、衣服、道具、本、はたまたお菓子に至るまで新しいものを作り、売ることを禁じたわけです。この前後、同様のご法度はたびたび出されていたので、効果は疑いますが、為政者が、社会の安定（当時は、農業基盤の米本位《こめほんい》経済制度）のために、新奇性（変化）を抑え込んだわけです。ゆえに江戸時代260年の太平があったのでしょう。

多くの国民が、社会的安定（つながり）と安全のもとに、険しい山も危険な谷もない「いつも通りの、ごく当たり前のふつうの暮らし」を強く望むのであれば、変化は避けるに越したことはないのです。しかしながら、この意識が社会のエートス（当たり前）になると、その社会は変わらないということです。

このような社会の中で、現状に文句を言いながらも惰性に流されるようでは、「最新の日本人」になるのは難しいです。

戦後の日本政治のおきまりパターン

1960年の安保闘争で退陣した岸内閣を継いだ池田内閣以来、自民党は、経済は語りますが、政治の話は長いこと封印しました。例外は岸元首相の孫である安倍元首相です。彼は政治の話を復活させました。

高度経済成長やバブル景気もあり、変化とは経済的発展がもたらす結果だという認識が強く、自ら変化を起こすという意識は政治家の中では希薄なのではないでしょうか。

上記の「変化は結果」という考えを政治的に運用すると、どうなるでしょうか。

日本の政治のパターンをひとことで言うと、「大言壮語し〝やってる感〟を出して、お金をばらまくこと」でしょう。

それをくわしく表現すると、次のようになります。

「検討はするが、意思決定（決断）や明確な意思表示をしない」

日頃の自民党政府を見るに、ああだ、こうだと言い、なし崩しの意思決定らしきことはするものの、本質的な決断をしないことについては説明の必要もないでしょう。

そして、日本の政治家は、自分の発言が失言だと指摘されるとすぐに前言撤回して終わらせます。発言は軽く、自分の信条はなく、「ダチョウの政治」をしています。

この「ダチョウの政治をする」とは、フランスでよく使われる表現です。

ダチョウが、危険が迫ると地面の中に頭を突っ込み、やり過ごそうとする習性（正確にはそのように見える）に由来します。「現実を無視する、わからないふりをする、気づいても気づいていないふりをする」、転じて「本来はできるはずなのにやらない」という意味でも使われます。日本の「ダチョウの政治」は、国際社会ではとくに目立ちます。

「やってる感」がとても重要、つまり結果は重要ではない

最近の政治は、この傾向が一層強いです。確かに置かれている政治的状況は複雑で、一筋縄で解決できるわけではありません。

その一方で、政権党は投票してもらう必要があります。八方美人的に玉虫色に何かをやっていないと投票してもらえないため、致し方ない面はもちろんあります。

安倍元首相も「アベノミクス」は、「やっている感を持たせることが大事」「大事なのは実績ではなく、やっている感じだ」と何度も「やってる感」発言をしています。さらに踏み込んで言うと「結果ではなく、やってる感が大事である」とも述べています。

岸田首相肝いりの「新しい資本主義」も「やってる感」の良い例です。ただしこの「新

しい資本主義」は、発言の中身がころころと変わります。

欧米から見ると「個人の権利を本質的に理解していない」日本の政治においては、実は政治家にとっては、民主主義も「やってる感」が大事なのかもしれません。

運用適応でその場をしのぎ、抜本的改革はしない

日本社会は厳格な法令社会ではなく、緩い法解釈のもとに運用で環境変化に適宜対応してきた歴史があります。1970年代に花盛りであった行政指導は、その好例です。行政指導とは、法的拘束力はないが、一定の行政目的を達成させるために、特定の者に指導、勧告、助言をすることを指します。「自発的・自主的規制」と称して拘束力の効果を担保しています。

つまり日本社会は抜本的な変化ではなく、漸次的《ぜんじてき》変化を経てきたのです。

昨今、官民こぞってDX（デジタル・トランスフォーメーション）を連呼しています。

本来DXとは、企業の観点では、既存の業務プロセス・フローをゼロ・ベースで見直

すことを意味しますが、運用でしのぐ日本の組織は、政府もそうですが、業務フローを抜本的に見直すことを忌避します。

１９９０年代にはやった、アメリカ出自のＢＰＲ（ビジネス・プロセス・リエンジニアリング／業務改革）は、いまのＤＸと同様にビジネス・プロセスをゼロ・ベースで見直しますが、日本ではやはり言葉に終わり、ＢＰＲは成功しなかったといえます。ですので、今回のＤＸも同じ道を歩むのではないでしょうか。

抜本改革をしない身近な例では、選択的夫婦別姓の話があります。

本来、選択的夫婦別姓は、個人の選択権という個人の権利にかかわる根本的・本質的な話ですが、自民党政権はいろいろと難癖をつけて、個人の選択権の話は避けています。パスポートや運転免許証などの公的書類の表記も、企業などでも、現在も日常的に旧姓が使えて不都合がないのだからよいではないか、という運用的な対応でしのごうとしています。

広島でのＧ７を前に、メンツ維持のために「準難民」という奇妙なカテゴリーをつくり難民問題の抜本的議論を避けた２０２３年の改正出入国管理法案もその一例でしょう。

既成事実を作り、予定調和による〝結果としての変化〟

「選択的夫婦別姓の導入」という抜本的改革はしないものの、入籍後の日常での旧姓の使用が一般化して、旧姓使用が既成事実化すれば、結果的に選択的夫婦別姓が予定調和的に社会に受け入れられることになります。ただし時間軸は不明です。これは先述の「運用適応で、抜本的改革はしない」の裏返しです。

同性婚の話も、憲法成立時の背景を無視して憲法24条1項の「婚姻は、両性の合意のみに基いて成立し」を盾に反対する自民党政府ですが（2024年3月に札幌高裁で違憲判決がでましたが）、いくつかの自治体は同性カップルの宣誓を受理する「パートナーシップ制度」を設けています。これも、運用対応といえます。

G7の異端児である日本ですが、自民党政府も世界の多様化の流れを無視するわけにはいかないので、「パートナーシップ制度」を通して、同性婚が社会で既成事実化することを視野に入れているのでしょう。既成事実化といえば、臓器移植を前提としてのみ、脳死を認めるというのも、海外での臓器移植をする日本人が増えることに対する海外からの批判を受けて行った、「人の死とは何か」の本質的議論を飛ばした日本的運用の例かと思います。

最近の既成事実化としては、多方面での人手不足を強調したうえで、批判の多い「技能実習生制度」を廃止して「育成就労制度」と名称を変えることにしたり、外国人在留資格の「特定技能」の要件緩和により事実上の移民を容認したりしていることなどが挙げられます。もっとも、政治家が特定技能資格で在留する外国人を「移民」と呼ぶことはありません。

また、タクシーの台数や運転手の減少による利権団体のタクシー業界への力の弱まりと、需要が減ったことでのタクシー減による交通の便の悪化への地域住民と行政の不満と不安、そしてインバウンド観光客の需要という思惑を受けて、地域限定でライドシェアを解禁したのも、そうでしょう。実際は、タクシー会社が運行管理をするので、これをライドシェアと言えるかは疑問ですが。

しかし、この運用対応による既成事実化が政府の思惑通りに機能するという保証はありません。

そのわかりやすい例として新型コロナウイルス感染症対策が挙げられます。

コロナに関しては、国民の情緒的判断に任せて、国民がコロナの日常化を受け入れる（既成事実化、つまり、安心する）まで待ったわけですが、既成事実化が思ったように進まず、業を煮やした政府は、２０２３年の５月に新型コロナの感染症法上の位置づけを２類相当から５類へ変更すると発表し、先立つ３月からマスクの着用は個人の判断に委ねるとしたわけです。

政府がはまった現在の「財源なければ赤字国債」という規律のない財政は、コロナ対応で肥大化して元に戻らず、「誰がいくら負担するのか」を決めることなく、サービスが先に提供され、国民が気楽に享受《きょうじゅ》してしまう点に大きな問題があります。将来の負担でもめるのは目に見えてますから。将来、請求金額を見て、「そんな額とは知らなかった」と大騒ぎしても後の祭りです。

しかし、いまの政権の座にある政治家は、次の選挙で当選すること以外は頭になく、将来の責任を負う気はまったくないので、致し方ありません。いまは野党にいる政治家も、与党になれば同じだと思います。

外圧に弱い日本国家

外圧に屈することは、日本の歴史を見れば明白なので、説明するまでもないでしょう。政治家も含めて国民が変化を受け入れる印籠《いんろう》は、外圧（進駐軍）なのです。ニッサンに来たカルロス・ゴーン氏は進駐軍の典型です。また竜頭蛇尾《りゅうとうだび》となった「LGBT法案」も広島でのG7開催を控えた外圧というか、岸田首相のG7ホストとしてのメンツのためでしかなかったですからね。詳細は「社会システム」を扱う第2章でお話しします。

このような戦後の日本政治のおきまりパターンの中で政府は、バランスという名のもとに、アクセルとブレーキを同時に踏む矛盾する政策を行っています。

安倍元首相は多様化といいながら道徳強化を唱え、多様性を説きながら同質的な中間層の強化を目指し、格差是正といいつつ孫への生前贈与（相続税の趣旨に反しますが）を推進し、高齢者中心の社会を良しとしながらイノベーションを重視していました。

挙げ始めると切りがないですが、要は、政治家が口で何を言っても、日本社会は大きくは変わらないということです。

もっとも「政治家の多様化は口先だけ」というのは言いすぎかもしれません。要は「政治家は、社会の安定性を最優先し、変化を遅らせ、ときどき多様化というスパイスを振りかけ、国民に刺激を与えることを仕事にしている」と形容できるでしょう。

最後に、政治を国民国家という観点から見てみましょう。

国には「国家をまとめるため」「国家という存在に意味を持たせるため」の物語が必要です。ですから政治家は物語を作るために、歴史を重宝します。ゆえに都合の良いことしか歴史教育では教えません。必要であれば、捏造《ねつぞう》すらします。

しかし、多様化が進むと、国民国家という、国家に国民の意識を収斂させる物語を書くのが難しくなります。それでも、無理に物語を書こうとすると、社会は分断に向かいます。それがいまの先進国の状態ではないでしょうか。

日本社会は、欧米諸国ほどの分断は表面的にはありませんが、超高齢社会において世代間の意識ギャップが広がるなかで、国家に国民の意識を収斂させる物語を書くことは、急速に困難になってきていると思います。

加えて、共同富裕は難しく、残念ながら経済の伸びしろもほぼなく、超少子超高齢社会化の中、共同貧困に向かっているといえます。

このような国家を信用したり、強く必要としたりするのは、いかがなものでしょうか？

そもそも、国家に国民の意識を収斂させようとしながら、多様性を追求するのは、自己矛盾です。

ここまで読んでご理解いただけたと思いますが、政府主導で多様化に向かうことは、国家や政治家の存在否定につながりかねません。したがって、政治家が国家のパワーの減衰を積極的に肯定しないかぎり、論理的に不可能ではないでしょうか。

大きな政府しか考えられない日本の場合、政府主導で多様化に向かうことが望み薄であることは明白なので、「政府に期待をしても、私は『日本人3．0』にはなれない」と肝に銘じるべきです。ここの要諦は、『日本人3．0』になろうとするならば、「国に期待するな」、ましてや「日本政府に期待をするな」です。

第2章 「日本人3.0」の必須知識——社会システム

「社会システム」とは何か

次に、「社会システム」について見てみましょう。

社会制度ではなく、「社会システム」としたのには意味があります。「社会制度」は設計が可能ですが、「社会システム」とは設計できないものだからです。

そもそも「社会システム」の定義とは、設計された制度とその制度のもとでの人々や組織の行動が、制度のもとに破綻なく機能していることを指します。すなわち、「社会システム」とは結果論なので、設計することはできません。

もちろん「社会制度」の設計者は目指すべき社会を念頭に置いて設計をするわけですが、その通りに行くとはかぎらないわけです。その好例が、日本の育休制度でしょう。

２０２１年の国連児童基金（ユニセフ）の報告書によると、日本は父親に認められた育休期間の長さや休業給付の金額の高さから、「育休制度の充実度」は先進国中第１位ですが、実際の取得率はとても低いのが現状です。要はアクター、つまり制度に関係する人々や組織が制度の設計通りに行動していないので「システムとしては機能していない」ということです。

「社会システム」を制度とアクターの関連として捉えると、強い社会規範のもとに機能している状態も、規範とアクターが相互補強の関係にある「社会システム」といえると思います。

本章では、日本人の考え方や行動を規定している「社会システム」について見ていきましょう。この「社会システム」の中で生活していると、日本の「社会システム」がどのようなものなのかを意識しません。「『最新』の日本人（日本人3．0）」になるには、この「社会システム」の理解が必要になるので、ここで日本の「社会システム」を確認しておきたいと思います。

経験値の少ない国、日本

日本は、一応先進国のG7のメンバーですが、読者の方々も感じている通り、明らかに日本だけが異形《いぎょう》です。日本は「推定無罪」ですら受け入れない社会であり、個人の権利に対する考え方がまったく違うので、欧米も日本は明らかに異質と思っています。

それは、良い、悪い、の問題ではなく、社会の成り立ちという本質的な相違であって、表層的に欧米の模倣をすることとは違います。

戦後（明治維新後の脱亜入欧《だつあにゅうおう》が始まりかもしれません）、日本社会はバナナ（外は黄色いが中は白い）を目指したと思います（それを否定する保守派はいますが）。しかし結果は、日本という社会は、ペリカンマンゴー（外も中も黄色）であったということです。それを認識することが重要だと思います。

日本は、歴史上、革命（階級・権力の逆転）のない社会ですからね。明治維新は武士階級間の権力争いで、革命ではないです。

そもそも、明治維新は、自由貿易帝国主義下の大英帝国の書いた世界展開シナリオに沿ったものと思ったほうが適切です。うそだと思われるなら、なぜイギリス大使館（当時は公使館）だけが、明治最初期の1872年から皇居の喉元の半蔵門という超一等地にあり、それも、破格で、ほぼ永久貸与なのか、その合理的な理由を考えてみてください。

同じように、第二次世界大戦後の社会変革も革命ではないです。天皇制を維持し、昭和天皇の退位さえ要求しなかったのは国民でしたから。それが、野口悠紀雄氏をして、戦後の社会体制を「１９４０年体制」と言わしめるわけで、いまの日本社会は戦前からの継続性が根底に強くあります。要は、日本は、革命や独立（権力構造を階級の上下でひっくり返す）を経験している欧米の国家とは、通ってきた歴史が違うということです。

もちろん、革命や独立を経験していないということは、それだけ安定的な社会を持続させてきたということであり悪いことではありません。他人を疑うことから入るのがふつうの海外に比べ、日本は心穏やかに暮らせる良い環境であることは間違いないです。

ただ、革命や独立といった痛みを伴う変化を経験したうえで安定的な社会を自覚的に形成しようとしてきた他国に比べ、日本は歴史的経験値が少ないといわざるをえません。ゆえに、日本社会には、根本的な変化は起こりにくいのです。

日本社会の本質は変わっていないし、大きく変わると期待しないほうがよいでしょう。

「変わらない」が埋め込まれた日本社会

日本社会を見るに、3つの大きな特徴があります。

1つ目は、「(世論というよりは) 庶民感情」が最優先 (とても重視) されること。

2つ目は、庶民のお上志向がとても強く、自分では決められないので、お上が決めてくださいといって自己判断を放棄すること。

これには、コロナ禍でのマスク着用ルールが当てはまります。法律による強制ではなく、政府の強い要請でよいわけです。

3つ目は、徳治《とくち》主義願望が強いことです。

日本にかぎったことではないですが、多くの国民は政府を信用してはいないのですが、日本では、最後は政府がなんとかしてくれるだろうと、国民の意識としては政府にすがるというメンタリティ (お上には徳性があるので、最後は大丈夫という水戸黄門シンドローム) であること。

要は、庶民の感情は重視するが、個人の自発性と当事者意識は希薄という社会です。

これが、「不満には強い（不満があっても現状を是認する傾向）が、不安には弱い（変化を受け入れて『なにかあったらどうするんだ』という不安症候群）」日本人を生み出しているのではないでしょうか。

いまの社会を見るに、庶民感情（市井の生活者の感覚の一般化）最優先というよりも大衆感情（匿名性を帯びることで直情的になり責任を取らない危険な存在になりうるような感情）が支配する社会といえます。裁判が結審する前に、大衆感情をもって、社会的制裁という名の「社会的裁判」を行うのが大好きです。

ゆえに、推定無罪は受け入れられないわけです。間違えても誰も責任を問われないので、大衆心理としてはお気楽で、歓迎なんだと思います。

だからこそ日本社会は、意識としては法治国家ではないといえると思います。

感情は、目先の条件反射なので、一貫性はなくころころ変わり、成り行き任せですが、社会の本質は変わりません。加えて、お上志向と徳治主義願望なので、独立した個人の意識が希薄です。

また、大衆は個としては自分が弱者だと認識している（したい）ので、強い他力本願

（自己責任を忌避する）意識が社会を覆っています。

その一方で、弱者である個が大衆・庶民（情緒的で、目の前の日常生活重視が基本です）として塊となると、構造的劣位にあるがゆえの優位性を持つことになります。たとえば、いまはほぼ消滅しましたが、ＯＬ（女性一般職）という存在は、企業組織的には二級市民（弱者）ですが、彼女たちに嫌われたら総合職は仕事が進みませんよね。

しかし、一般職なので、総合職のような表立った要求はできません。

つまり、ＯＬ（女性一般職）という構造的劣位にあるがゆえに、パワー（優位性）を持てるということです。

庶民に関していえば、「自分は弱者でお金もないが、努力している」と言われると、「だから何？」と無視することはできないでしょう。これが弱者だという構造であるがゆえに優位性を持てるという意味です。これも、社会の変化よりも社会の現状維持につながります。

日本社会とは、民主制（一人一票の投票権を皆が持つ）と過度の平等意識のもとに、社会の統治責任を忘れた大衆の感情が支配し、政治家とマスコミは彼らにおもねり、その御用聞きになる社会であると定義できます。これは、一人一票と法のもとでの平等と自己選択を前提とする民主主義制度とは違います。この変わらない、不思議な日本社会の根幹にはどのようなメカニズムがあるのでしょうか。

日本の歴史を思うに、そのメカニズムは、権威（正統性・権限）とコントロール（実質的支配力）を一人の人間に持たせないことではないかと思います。

この分離は、天皇と藤原氏、天皇と征夷大将軍《せいいたいしょうぐん》、天皇と軍部、戦後は政治家と官僚というように、長い歴史があります。

身近なところでは、自民党政府が内心尊ぶ専業主婦家庭では、主婦は財布をコントロールし、夫は主人や旦那と呼ばれ、一応持ち上げられて権威はありますが、給与を運んでくるのが役目で、家庭をコントロールする権限のない人が多いはず。

権威とコントロールを一人の人間が掌握するとパワー（権力＝他者の現在・未来の意思決定を変えることができる力）も持ち、組織（を含む社会）を根底から大きく変えることができます。反対に権威とコントロールを分けていれば、社会や組織は大きくは変わりません。

欧米の組織のトップは、このパワーを有しています。ゆえに、政治やビジネスで制度を大きく変えることができます。しかし、日本はどうでしょうか。岸田首相にパワーはあるでしょうか。パワーを掌握したことを誇示した菅前首相は人気がないです。オーナー企業のオーナーは当然パワーを有しますが、日本人はそれを「オーナーの専横」といって非難するでしょう。

要は、日本社会はパワーを有した人物を歓迎しないのです。歴史的に見ても、日本でパワーを掌握した人物は少ないですし、あまり、良い結末を迎えていません。古くは建武の新政に失敗した後醍醐天皇、日本国王と称されながら謎の死を遂げた足利義満、本能寺の変に倒れた織田信長あたりでしょうか。菅前首相も自民党にはしごを外されて、再選出馬すらできませんでした。不慮の死を遂げた安倍元首相もこれにあたるのかもしれません。

権威とコントロールを一人の人間に持たせないのは、社会を大きく変えないために日本社会が有する知恵なのでしょう。

超高齢社会化の意味するところ

このように大きく変わることを回避する日本社会ですが、それに追い打ちをかけるのが、社会の超高齢化です。急速な超少子超高齢化が進んでいます。

２０５０年代には、65歳以上が３人に１人、70歳以上が３人に１人、75歳以上が４人に１人になります。絶対数でも比率でも高齢者は社会の中で大きな比重を占めます。

高齢者の中には、変化を好む人もいるでしょうが、社会情動的選択理論によれば高齢者や生命の危機に直面する経験をしている人は、将来よりも、「いま、現在ここにあるもの、日々の喜びと親しい人たちを大切にする」という現状維持の方向に意識が向かうそうです。

つまり、超高齢社会化するとは、社会は変わらない方向に向かうということです。少なくとも、社会の変化のスピードはいっそう遅くなると思ったほうがよいでしょう。

「考えない」を埋め込む日本社会

戦後の日本社会は、多方面にわたって、国民に「考えない」を埋め込む社会を形成しました。哲学者の國分功一郎氏に言わせれば、「人間はものを考えないですむ生活を目指して生きている」ので、欧米社会と違い、日本は最もその欲求に忠実であったとも形容できます。

人間の脳は、そのサイズに比して多くのエネルギー、総エネルギー消費の20％を消費するので、そもそも怠惰で考えることを嫌います。ゆえに恒常性を求めます。恒常性（メンタル・モデルといってもよいですが）が強いほど脳は楽ができます。その意味で、日本社会は、脳にとってはパラダイスと言えますかね。それが、戦後の日本社会でしょう。

また、日本にかかわらず、フランス人の政治思想家ド・トクヴィルが指摘するように、民主国家であっても本質的には国家（政治家）は主権の基礎である国民を守るという名のもとに、家父長的に振る舞い、内心では国民は幼児でよいと思っており、国民が自ら考えることは望んでいません。

基本的に国家・政府は、国民には「由《よ》らしむべし、知らしむべからず」の発想と思ったほうがいいです。日本では、これが顕著で社会で是認されていると言えますね。

これについては、まず「安全性」と「安心感」という言葉を使って説明してみましょう。

安全性とは、データをもとに客観的にリスクを最小化してテイクすることを指します。

安心感とは、神社のお祓《はら》いのように、データとは無縁の「主観的にリスクのない状況＝ありえない100％安全＝ゼロリスク」を望むことをいいます。

政府やマスコミは、「安全性」ではなく「安心感」を、ことあるごとに国民に刷り込みます。主観的安堵である〝安心〟を志向するかぎり、リスクがないと思うので、考えるという思考は停止します。大多数がマスクを取らない（マスクをしていれば安心と思う）日本人を見るに、日本人はもはや〝安心教〟の信徒といえます。

日本では、相手を特定しての議論は攻撃的として、あまり好まれませんよね。

会議でも、各自の意見は異なるという前提がなく、誰かに対して明確に自分の意見を表明することは一般的ではないです。むしろ会議の席では、相手を特定せず、自分の感想（思い）を場に投げるという〝モノローグ（独白）〟が実態であって、議論の前提の〝ダイアローグ（対話）〟ではありません。

このモノローグの連鎖は、前者の思いを受けて収斂し、予定調和的に「場（空気）」の縛りを生み、突如、「われわれ」が主語になります。その時点で、「私」は消失します。

この「われわれ」が「タテマエ」、「私」が「ホンネ」になります。これが、明確な議論のない全員一致を好む日本社会のメカニズムです。

つまり、暗黙の前提が通用する状況下で、省コストで物事を進められるという利点はありますが、「私」という個人の強い意見は、全員一致を阻むので敬遠されます。したがって、誰もが周りを見てばかりいる〝キョロちゃん〟になり、自分の意見を持とうとは思わなくなります。

「意見を持たない」とは「考えない」ということです。日本人の悪い癖といわれる「黙る（面倒だ）」「考えない（考えたくない）」「わかったと思う／思いこむ（目をつむる）」の背景には、この「私」から「われわれ」への不可逆の転換があるのではないでしょうか。

疑念を持つことは、悪なのか

読者の皆さんは経験済みと思いますが、小学校でも大学でも、はたまた会社でも、疑念を持つことは歓迎されませんよね。

学校では、教員の言うことに疑念を挟むと成績が落ち、企業では上司に「うざいやつ」と思われ評価が下がるので、自然と疑念は持たなくなり、結果的に「疑念は悪」とする社会になります。疑念がなければ考えないので、みんなで疑念を持たなくなれば、みんなで考えなくなります。

学校の現代国語の授業や、大学入試の国語の問題を思い出してください。「筆者は何を考えているか」をたずねるのが、王道の設問です。もちろん作題者は筆者に直接確認したわけではありませんが、便宜上「筆者」としています。

つまり、問題を解く本人の意見ではなく、「筆者の意図を類推しろ」と共感、つまり過度な感情移入（筆者の思いをシミュレートする）を求めるわけです。それを無視して、「自分の考え」を書くと低評価になります。

生徒側は高い評価や合格を求めるので、自分の意見を持たず、テクニックとしてキーワードをマークして正解だけを探ります。筆者の意図を自分なりに考えて、根底から理解することはありません。

つまり、自然と考えることを放棄するようになります。それが、日本の国語教育です。それでいながら、「主体的に考える」教育が大事だと言う文科省のお役人（あとで触れます）の頭の中身がわかりません。

新卒で採用した正社員もほぼ解雇できないので、企業は欧米に比してこれといったスキルのない新卒の品質保証として「偏差値」を使います。ゆえに受験戦争になります。

文科省は「大卒を量産すること」にしか興味がないので、学生の「品質」に興味はありません（これは高卒についても同じことがいえるでしょう）。

とにかく何でもよいので卒業させろ、というトコロテン方式ですから、学生は入学後よりも入試突破（高得点獲得）に全力を投入します。点を取るテクニックの習得に注力します。

もし、大学での留年が多いと、学生の問題ではなく大学の問題にされます。大学側もそれをわきまえており、卒業の要件を欧米のように厳しくすることはありません。そんなことをしたら志願者が激減してしまい、大学の存続にかかわるからです。

要は、日本で試験や入試を受ける生徒たちは、勉強するといっても多くの「解答パターン」を詰め込むだけです。たとえば数学の場合、その本質を自分で考えて理解することはしません。ゆえに受験が終わると「詰め込んだもの」はなくなります。つまり、熾《し》烈《れつ》な受験は、ゲーム同様に「テクニック」の問題であって「考えること」ではないのです。

自分も思うに、受験はゲーム感覚でした。

昨今、強化されている道徳教育は、倫理教育と違って「家族は神聖」など「かくあるべき」概念を刷り込むので、物事を批判的に考えることを忌避します。つまり、批判的に考えることが必須な創造的姿勢とは正反対なわけです。延《ひ》いては、環境変化へ能動的に対応する姿勢を失わせます。それが、いまの日本社会ではないでしょうか。

つまり、日本の教育は考えないようにさせているわけです。

村上春樹氏の言を借りれば、「日本の教育システムは、僕の目には、共同体の役に立つ『犬的人格』をつくることを、ときにはそれを超えて、団体丸ごと目的地まで導かれる『羊的人格』をつくることを目的としている」わけです。

ゆえに正解が必要になり、生徒は考えるのではなく、正解を効率よく探すことに注力します。この教育システムにあっては、考えることはむしろ邪魔です。

最近、加速化しているように見えますが、子供のためといい、先回りして計画を立てる親が、普通になっていますよね。親心はわからなくもないですが、これでは、子供の時代から、子供が自分で考えて、計画する能力を獲得する機会を奪っています。

つまり、日本の子供はすでに幼児の時から「考えること」をさせてもらえないわけです。ゆえに、文科省が、いまさら「主体的に考える」といっても空《むな》しいわけです。

「主体的に考える」は、文科省の中央教育審議会の2012年の「新たな未来を築くための大学教育の質的転換に向けて~生涯学び続け、主体的に考える力を育成する大学へ~」という答申のなかにあります。

よく考えると「主体的に考える」とは奇妙な表現ですよね。

日本人は普段は「思う」を使うので、「考える」はなじみが薄いのかもしれません。

そもそも「考える」とは主体的な行為であって、客体的に「考える」とはいいません。

それでは、なぜ、主体的に「考える」としたのでしょうか。

おそらく、日常において使われる「考える」は、親や上司から、「ちゃんと考えろ」と言われるように、命令形だからではないでしょうか。つまり、日本では「考える」は、人に言われて行う行為であるわけです。それでは、本来の「考える」とは正反対です。文科省の「主体的に考える」も実は「主体的に考えろ」と学生に指示・命令しているわけです。

中流幻想から抜けられない社会

日本社会は、１９６０年代の高度経済成長時代から１９９０年代初頭のバブル崩壊までの短期間に、急速な経済成長を遂げて、国民の大多数が、自分を中流と自認する社会を実現しました。

これは、とても立派なことだと思います。スイミーたる没個性の「日本人１．０」の貢献だと思います。国民の大多数が中流を自認するということは、分厚い中間層が存在したわけです。

中間層の人たちは、おしなべて次のような流れの人生を送ってきました。学校を卒業し、就職し、結婚し、子供を作り、家電製品や車など同じようなものを買い、家を建て、退職金で家のローンを完済して、人生を終了する……。

つまり中流を自認する人々は、標準化されたライフ・ステージを通ってきたわけです。ほかの人と同じように中流の作法に従えばよく、考える必要はなかったと思います。日本の教育制度も、中間層へ上っていくことを支援する（上を伸ばすのではなく、下を引き上げる）ように設計されているので、多くの人々が中流意識を持つことに貢献したと思います。

このような中で、戦後の日本社会には「出自や家庭環境にかかわらず、努力すれば社会の階段を昇っていくことができる」という雰囲気が強く醸成《じょうせい》されたため、多くの人々が自然と中流的な生活を目指すようになっていったとされます。

それが何を意味するかというと、意識は〝離散〟より〝収斂〟に向かい、中流というカテゴリーの平均的なイメージに自分を寄せるベクトルが自然と働いていたわけで、離散（多様化）に向かって個人個人が「自分で考える」ようにはならなかったわけです。

しかし、バブル経済が崩壊し、停滞の失われた30年となり、その間に、平均所得は伸びず、所得分布は、ベル型の正規分布（これが、分厚い中間層）から、平たんになってきています。

所得の上位と下位の差も開いています。それでも、この中流幻想はとても強く、低収入であっても、たとえ、中流の下と言っても、中流意識を持つ人が9割近いのが現実です。

おそらく低収入でも、無理をしてでも中流的なライフスタイルを維持することで、自己肯定感を維持できるのです。そして、中流意識を維持することで、社会的地位も維持していると思い、「自分は落伍者《らくごしゃ》ではない」と思えるのでしょう。

このように、日本社会に埋め込まれた中流意識の呪縛はとても強いと思います。ゆえに自分の中流意識を保つために、より貧しいひとを叩きますよね。貧者へのキツイ対応が増えるのは、自分の今の位置を相対的に維持したいという強い意識のあらわれかと思います。

経済状況にかかわらず、中流意識を持つことに問題があるわけではないのですが、多くの国民が中流意識を持つかぎりは、社会は同質化の方向を向いている（中流意識を持つこと自体は悪いことではないですが、中流というのはひとつのカテゴリーで、そこには中流というパターン化が存在します。みんながそれを目指せば、結果、同質化に向かうはずです）わけで、政府がいくら多様化を叫んでも、多様化の方向へ突然反転などできません。もっとも、政治家のいう「多様化」の中身は、具体的にはわかりかねますが。

所得格差が開く中で、この強い中流意識は、中間層内での平等要求を強化します。その強い平等圧力の中での差別化として個を強調しようとすると、たとえば大ヒットソング『世界に一つだけの花』の歌詞や「キラキラネーム」などにあらわれているように、差別化本来の抜きんでるではなく、「水平の差別化」につながります。

この水平的意識は、垂直化につながる「伸びる人間」の足を引っ張ったり、価値の創出につながる多様化を阻害しかねない気がします。ややこしいことに、この垂直化を「格差」ととらえる人もいます。

ここまで見たように、日本の「社会システム」は、重層的に「変化すること」と「考えること」に、ブレーキをかけることを自覚してください。

最新の日本人（日本人3．0）になるには、この重層的な「社会システム」を理解し、その呪縛から意識的に抜け出す必要があります。

第3章　「日本人3.0」の必須知識——企業

脱皮の条件

第1章の「政治・国家」編と第2章の「社会システム」編の主題は、「『最新』の日本人（日本人3．0）」に脱皮するにあたっての〝阻害要因〟でした。そのためいささか後ろ向きな話という印象があったかもしれません。

この第3章「企業」編では、「『最新』の日本人（日本人3．0）」に脱皮するにあたっての前向きな促進要因について、取り上げていきます。

序章でも触れましたが、いまの状況は、「本心では多様化に反対で、変わりたくない、変えてはいけないと変化に抗う国家・政府」と、「生き残るためには急速に変わらざるをえないことを理解し、価値を創出するための多様化組織への痛みを伴う変身を始める合理的な企業」の間で、「リスク・テイクの判断を迫られ、変わらなければいけないと思いつつ、頭と体が動かない・動かしたくない個人」が存在しています。

動かない、動かしたくないとは、すなわち「黙る（面倒だ）」「考えない（考えたくない）」「わかったと思う／思いこむ（目をつむる）」ことです。

つまり、合理的な企業はすでに変身を始めているということです。

国と違い、生き残らないといけない企業は合理的

まず、国と違い、企業とは、原理的に「生き残るためには急速に変わらざるをえないことを理解し、変身を始める合理的な存在」と認識してください。そうでなければ、あっという間に倒産・廃業に至ってしまいます。

国と違い企業は競争と淘汰《とうた》の世界にいるので、当然といえば当然です。最近は、国家も国家間での競争を避けては通れなくなっています。違いは、スリランカなどを見ればわかりますが、企業と違って倒産はないということでしょう。

超少子超高齢化で縮小を続ける日本市場を考えれば、日本企業の生き残りには、温度差こそあれ、グローバル展開が求められるのは必然です。その過程で、企業間格差は拡大するので、企業選び（企業を見る目）は、新卒であっても転職であっても、非常に重要です。

規模の大小ではなく、変革の試みをいとわないマインドを持つ企業に属することは、「『最新』の日本人（日本人3．0）」に脱皮するうえで、とても有利です。

アメリカは雇用を守るのではなく、新たな価値を産むチャレンジ（ChangeとProgressが重要）を尊びます。一方、日本では雇用を守るのが最優先なので、多くの日本企業に大きな変化は望めないでしょう。ただ、その中でも〝やってる感〟ではなく、真剣に変革を行っている企業もあるので、それを見極めることが重要です。

まずは海外売り上げ比率、特許などの知的財産を重視しているかどうか、そして株主構成（海外法人・外国人の比率）。この3点を見ることが、企業の変革への姿勢と受ける圧力を見極めるうえで重要です。

知財の観点では、デジタル技術を絡めて世界展開を狙う「たまごっち」のバンダイナムコホールディングスや「ポケットモンスター」のポケモン社の事例が面白いです。

自ら変革し、グローバル適応に踏み出す企業

円安による輸入インフレ対応という社会的なプレッシャーの中で、皆で一緒（極めて日本的）に仕方なく給与を上げる大企業（円安の恩恵で、業績が上振れしているだけで、企業の競争力が強くなったわけではないので、経営陣は、この賃上げは本心では歓迎ではないと思います）が増えましたが、柳井氏のユニクロ（ファーストリテイリング）の初任給30万円への賃上げは、大きな転換を意味します。

今後、給与差は「業界間の差」から「企業間の差」へと変わり、「その差は拡大していく」と思ったほうがよいでしょう。

加えて、初任給が上がるということは、当然、昇給のカーブは緩やかになり、評価による個人の間での給与差は大きくなっていくということです。これまでの、申し訳程度の給与差をつけても、基本的には「横並び昇給」というのはなくなるでしょう。

30万円への賃上げは、国内と海外のオペレーションをグローバル化の観点で同じ土俵で見ることにつながるので、円安による海外との給与差の解消になるわけですが、裏を

返せば、競争相手も日本人だけではなくなります。

柳井氏は「真のグローバルプレーヤーになる」「次の10年も3倍以上に成長し売上高10兆円を目指します」と言っているので、企業内において、当然、「日本人だから」ではなく、「日本人でしかない」になるわけです。

日本企業で本気でグローバルに戦う企業はどのようになるのでしょうか。日本人の外圧に弱い体質を考えると社長は外国人になるケースが増える気がします。

カルロス・ゴーン氏のケースをみればわかりますが、日本人の社長の場合、反対が強くて思い切った改革は難しいのですが、外国人の社長なら「仕方ないか」でできてしまいます。それがいまの日本です。

有名なところでは、武田薬品工業のウェバー氏、三菱ケミカルグループのギルソン氏（石油化学事業を分離する再編が進まず、退任）、オリンパスのカウフマン氏がいます。

どの企業も、グローバルの視点での生き残り戦略を真剣に考え、大きな意思決定をしないといけない企業です。そもそも、残念ながら海外経験が乏しく、英語も堪能でない日本人の経営者では無理な相談かもしれません。文系の日本人社長に戻した三菱ケミカルの今後に注目してください。

また企業をグローバル化に適応させていく過程で、コアではない日本のビジネスを整理していく企業が増えるのではないでしょうか。

武田薬品工業はアリナミンやベンザなどの大衆薬（処方箋のいらない医薬品）を扱う子会社の武田コンシューマーヘルスケアを、資生堂はＴＳＵＢＡＫＩや専科などのパーソナルケア（日用品）事業を、オリンパスも祖業である工業用顕微鏡などを手がける科学事業を、それぞれ海外ファンドに売却しています。赤字ではないですが、伸びしろがなく戦略的なコア事業ではないので、売却したわけです。この流れは、おそらく加速するでしょう。

事業譲渡なので、従業員も移動するため、就職した企業の社員ではなくなります。海外ファンドに売却されるので、ちゃんと利益を出せる体質にしていくでしょうから、給与は上がるかもしれませんが、働く環境は厳しくなるでしょう。

自ら殻を破って前に踏み出す大企業も出てきました。

たとえば日立製作所を見てみましょう。いまは見る影もないですが〝お公家集団〟東芝とよく比較され、かつては〝野武士集団〟と称された組織です。「技術の日立」というフレーズが象徴するように、東大出の技師が主軸のお堅いイメージがありました。

しかしそんな日立製作所も、リーマン・ショックの影響で記録的な赤字を出し、経営再建が急務となり、グループ会社から復帰した故中西元社長とその後継者のもとで大胆な事業構造転換に踏み切っています。

具体的には、経営の軸と位置づけるＩＴ事業と社会インフラ事業との相乗効果（「Lumada《ルマーダ》」がキャッチフレーズ）を基準とし、日立金属、日立化成、日立物流などグループの伝統ある事業（子会社）を売却し、イタリアの鉄道関連企業であるAnsaldo Breda S.p.A.とAnsaldo STS S.p.A.を買収し、鉄道事業のグローバル展開を積極的に行いました。鉄道ビジネスユニットのグローバル本部はロンドンにあります。当然、トップは日本人ではありません。

このようにして、日立製作所は、ＦＮＨ（富士通、ＮＥＣ、日立）の一角から、グローバルで戦う企業への道に大きく踏み出しています。

グローバル本部といえば、ユニクロのファーストリテイリングも２０２２年に東京本部に加え、ニューヨークにも「世界本部（グローバルヘッドクオーター／GHQ）」を立ち上げています。

事業のグローバル展開で変化を強いられる企業

もうひとつのパターンは、海外の株主による変革への圧力があります。

良い例は、2023年9月にそごう・西武を売却したセブン-イレブンを擁《よう》するセブン＆アイ・ホールディングスです。

コンビニの国内市場が飽和に近づき、デパート同様に寿命を迎えたGMS（総合スーパー）である祖業のイトーヨーカ堂の整理に直面する中で、2023年度の営業利益の過半を海外のコンビニ事業が稼いでいます。これは、2024年度の予想でも変わりません。もはや、日本のセブン-イレブンではありませんね。イトーヨーカ堂などの国内事業が、収益改善の足を引っ張っている形です。

一方、株主構成を見ると、3分の1は外国法人等です。

彼らの中の「モノ言う株主」は、株主として、より高いパフォーマンス、つまり「コンビニ専業企業への転換」を経営陣に強く要求するわけですが、現在の日本の経営陣は、それに応えられておらず、現経営陣の退任要求の圧力は徐々に高まるのではないでしょうか。

セブン&アイ・ホールディングスも、大きな赤字を抱え自力再建の目途が立たないデパート事業であるそごう・西武の維持を株主に対して正当化するのは難しく、もめにもめ、最後は労組に異例のストまでされましたが、ストの翌日に、そごう・西武をアメリカの投資ファンド、フォートレス・インベストメント・グループに売却しました。

加えて、なかなか進まなかったイトーヨーカ堂の整理についても、北海道・東北・信越地域から全国の2割強に相当する33店を順次閉鎖することを決定しました。

これは、イトーヨーカ堂が祖業であり、長年続く老舗企業に大きな価値を置く日本社会の価値観のあらわれですが、企業の新陳代謝が当たり前の米英社会では理解されませんね。海外店舗の収益貢献の高さを見るに、イトーヨーカ堂の事業整理の対応を誤ると経営陣のトップは日本人ではなくなるかもしれませんね。そのプレッシャーを感じる経営陣は、最新の情報では、祖業のイトーヨーカ堂を含むスーパーマーケット事業の株式の上場を検討しているそうです。まさに、折衷案として、スーパー事業への関与は放棄しないが、それは薄め、経営資源を主力のコンビニエンスストア事業に集中させるという苦肉のメッセージと言えます。

さらに2023年6月に株価の時価総額が1兆円に到達した京成電鉄ですが、持分法適用会社のオリエンタルランド（東京ディズニーリゾート）の好調で、京成電鉄とオリエンタルランドは、オリエンタルランド株の保有時価が京成の時価総額を上回る「ねじれ」の関係にあります。それに目をつけた英投資ファンドのパリサー・キャピタルが、親子上場の解消など、非効率な資本関係の是正を要求しています。これは、親子上場が特殊ではない日本企業全体が抱えるテーマといえます。

このように国内で生産し、輸出する古い製造業モデルが機能しなくなったいま、海外展開を強化して海外の売り上げが高くなればなるほど、日本人主導の経営陣は命脈を保つのが難しくなるのではないでしょうか。生き残りのための海外展開の予期せぬ結果ともいえます。

日本人が悪いわけではないのですが、日本の企業経営の常識はグローバルな経営環境では機能しません。なので、グローバルな観点での経営センスとマネジメント・スキルを備えた日本人なら、経営トップを務めても問題ないでしょう。

しかし問題は、そのような日本人は少ないということです。

一方で、すでに事業的に海外に軸足を置いている企業もあります。

9割近くが海外売り上げで、全社員のうち6割が外国人の小松製作所、海外売上高比率が7割を超え、グループ全従業員の8割が海外で働いているダイキン、海外売上高比率が8割を占め、半数以上が海外の従業員というYKK、海外売上高比率が約7割のクボタ（2021年3月31日時点でのクボタの海外従業員の比率は約3割）、2021年度の住宅供給戸数の海外比率が6割で、2030年にはこれを8割に高めるという住友林業などが有名どころです。

最近好調な半導体装置関連の東京エレクトロン、アドバンテスト、レーザーテック、東京精密、アルバックの国内主要5社の従業員数も、2022年度に初めて国内を海外が上回りました。5年間で、5社合計の海外従業員数は1・7倍。国内従業員数の1・

1倍を大きく上回っています。

濃淡はありますが、社員のグローバル化はすでに始まっていますし、いっそう進んでいくでしょう。しかし、経営陣を見ると、ほとんどが日本人で〝日本人サークル〟ともいえます。小松製作所以外の企業は海外の株主の比率は低く、経営陣へのグローバル化の圧力は低いのでしょう。

海外の株主が4割に近い小松製作所は、海外市場進出の歴史も長く、パフォーマンスも悪くないので、海外の株主の圧力は高くないのかもしれませんね。

しかし、同質的な日本人サークルの経営陣でグローバルな市場での競争を勝ち抜くのは難しいはずです。

試しに、各社の役員の顔ぶれを見てみてください。はたしてグローバルで勝負できそうでしょうか。今後は、経営陣の人材のグローバル化は避けられないでしょう。

ここまで見ていただくと明らかなとおり、海外市場の重要度が高まり、従業員のグローバル化が進むと、日本の社員は本社社員ではなくローカルな市場の社員になる可能性があることを自覚すべきです。「日本企業の本社に勤める日本人だから大丈夫」という理屈は、早晩通用しなくなります。

海外からの利益（経常収支の中の第一次所得収支）を日本の本社に送ってくるので、日本本社の社員は大丈夫と思うかもしれませんが、キャッシュフロー（実際の現金）をみると、相当額を海外で再投資して事業を拡大しているので、実際は日本の本社には送金されていません。このあたりの事情を自民党の政治家は無視、いや理解すらしていないのではないでしょうか。

グローバルに強い会社というパラドクス

ここまで読まれて、グローバルに強い会社は具体的に何がどう違うのか、わからなくなった読者もいらっしゃるかもしれません。

そもそも「グローバルに強い」とはどういうことでしょうか。

ここまであなたは「自ら変革し、グローバル適応に踏み出す企業」と「事業のグローバル展開で変化を強いられる企業」が存在する、と感じられたと思います。

「自ら変革し、グローバル適応に踏み出す企業」として挙げた企業よりも、「事業のグローバル展開で変化を強いられる企業」で取り上げた企業のほうが、事業的にはグローバルで成功しているといえます。

後者の企業は、マネジメントはグローバル適応していなくても、仕組み（コンビニや製品（部品や建機や農機やファスナー）に競争力があるので、現状、事業は成功しているといえます。しかし、今後に組織的な課題があると考えられます。

そうした課題の一つとして、日本の企業は、組織としてビジネス・プロセスの抜本的な見直しが不得意なことが挙げられます。

現在、日本ではデジタル化の波の中で猫も杓子《しゃくし》もＤＸといって、ビジネス・プロセスの抜本的な見直しを謳《うた》っていますよね。歴史のある大企業もこの波に乗っています。

歴史を振り返れば、ビジネス・プロセスのゼロ・ベースでの見直しのブームが以前にもありました。

90年代に世界中で流行ったＢＰＲ（ビジネス・プロセス・リエンジニアリング）です。

日本でも、いまのＤＸ同様に「ＢＰＲ」と呼びならわしていました。

しかし、日本企業は、ゼロ・ベースでのビジネス・プロセスの見直しはほぼできませんでした。ゼロ・ベースでのビジネス・プロセスの見直しとは、表面的な業務フローの見直しにとどまらず、現場運用の排除や意思決定の責任所在の明確化など、組織ガバナンス全体に抜本的にメスを入れますが、いずれも日本の企業文化に馴染むものではありません。

その原因の反省もなく、今度はＤＸといっても、ビジネス・プロセスの抜本的見直しができるとは思えないので、事業のグローバル展開が先行する企業が、外圧ではなく、自ら大胆にグローバル適応のための組織変革を断行できるかは疑問が残ります。

前者、つまり自ら変革し、グローバル適応に踏み出す企業は組織変革を通して企業をグローバル適応させ、必ず勝てる保証はないですがグローバル市場で勝ち残る体制を整えていこうとしているわけです。

グローバル市場で圧倒的に強くなければ、組織をグローバル適応にしないと勝てる可能性がほぼないからです。オペレーション的にグローバルに成功している企業は、必ずしもグローバルに適応した企業ではないというパラドクス、逆説といえるでしょう。

自分の価値に重きを置く「『最新』の日本人（日本人3.0）」という個人の観点から見ると、前者の自己変革を志向する企業が重要ということです。

組織改革を断行する企業

経営陣のグローバル化ではないですが、年功が意味を持つ日本人サークルの経営陣の中でも変化が起こってきています。

東京海上日動火災保険は、その良い例かもしれません。

あの超堅実な東京海上日動も、危機感は強く、2024年4月1日付けで社長に「33人抜き」で54歳の城田氏が就任しました。加えて、若くても能力の高い社員を抜擢《ばってき》できる制度改革に舵《かじ》を切っています。

今後、ほかの企業もこれにならうのではないでしょうか。そうしないと優秀な人材がとれませんから。最新の例としては、日立製作所が、30～40歳代の有望な社員をCEO候補として選抜して育成する見込みです。かなり早い段階から、個人差がつくということとです。

個人の観点から見るとチャンスは広がりますが、結果の差も大きくなります。

少なくとも、これまでのように、「みんなで一緒に組織の階段を昇る」ではなくなるのではないでしょうか。

業界という切り分けは通用しない

「業界」という概念も機能しなくなりつつあります。

印刷業界の二巨頭とされる大日本印刷（ＤＮＰ）とＴＯＰＰＡＮですが、現在の方向性は大きく違います。依然、コアである印刷を基礎に置きながら、「知とコミュニケーション」「食とヘルスケア」「住まいとモビリティ」「環境とエネルギー」を「４つの成長領域」として多方面（＝拡散）に向かうＤＮＰと、印刷ビジネスからＤＸでデジタルに一気に舵を切り、焦点を絞るＴＯＰＰＡＮを同じ印刷業でくくるのは無理があります。

ビール業界とソフトドリンク業界というくくりも、コカ・コーラが、「檸檬堂《れもんどう》」でアルコール飲料に参入し、それを強化しているので曖昧《あいまい》です。

　そもそもサントリーはアルコール飲料とソフトドリンクの両方があります。昔は、コカ・コーラとソフトドリンクビジネスのサントリー食品インターナショナルを比較していたのですが、コカ・コーラの展開を見るに、あまり意味はなさそうです。

「ビール4社」といいますが、巨費を投じてアメリカのジムビームを傘下に収めて、ウイスキーを中心にスピリッツ（ハード・リカー）をグローバルに展開するサントリーはビール屋さんではないです。そもそもウイスキー屋さんです。実は、サントリーの売り上げの半分はソフトドリンクです。こちらも、欧州のオランジーナ・シュウェップスを擁しているので売り上げの半分は海外です。

　純粋なビール屋さんはキリンとアサヒです。この2社は、ソフトドリンクでは負け組です。ソフトドリンクビジネスで見れば、自販機を押さえたコカ・コーラとサントリーの二強で勝負はついていますからね。

　キリンとアサヒ、この2社は対照的です。業績がぱっとしないキリンビールはミャンマーからの撤退という不幸もありますが、歴史的に見て海外展開がうまくいっていません。

クラフトビールというニッチに向かっていますが、それでは心もとないので、健康という切り口でファンケルに手を出しています（33％の株式保有）。健康食品といえば、2023年にオーストラリアの健康食品メーカー「ブラックモアズ」を買収しましたが、うまくいくか、今後の動静が気になります。

あと、事業利益の3割を占める、協和発酵工業を出自とする「協和キリン」という医薬品事業があります。医薬品事業の大きい明治と比較するのは無理があるかもしれませんが、今後、明治のようになるのでしょうか。そこまではいかないとしても同社が今後、健康食品とともに、ここに注力する可能性は高いのではないでしょうか。海外の売り上げは1割程度で、基本的には国内を向いています。

一方のアサヒは、アメリカのミラーの買収で事業整理と債務状況の悪化に悩む巨人アンハイザー・ブッシュ・インベブ（ABインベブ）から、豪州のカールトン、オランダのグロールシュ、チェコのピルスナーウルケル、イタリアのペローニと、ビール企業を譲り受けています。加えて、イギリスのフラー・スミス＆ターナーのビール事業を買収しています。アサヒは、ビールに軸足を置き、資本の力でグローバル展開し、事業利益の7割を海外で稼いでいます。

4社目のエビスを擁するサッポロですが、事業利益で見ると酒類と不動産がほぼ同じであり、今後の軸足はビール屋さんではなく、恵比寿ガーデンプレイスを軸とする不動産企業になるのではないでしょうか。

不動産という点では、発行部数が減少する朝日、読売、毎日という大手新聞社も、利益は本業ではなく不動産に依存しています。これを新聞業界といってもよいものかは疑問です。

駅ビルを建てるのに積極的なJR東日本も鉄道会社といえるのかは疑問があります。要は、本業が本業として成り立たなくなったり、多様化して何が本業かわかりづらくなったりしてきているのです。これまでの〝業界〟という境界がどんどん曖昧になるわけです。

加えて、デジタル・テクノロジーの飛躍的革新で、エアビー（Airbnb）やウーバー（Uber）が示すように事業の境界も曖昧になり、広告の電子化のように変化は加速化し、グーグルの検索やOpenAIのChatGPTやメルカリのように、てこの原理で急速に社会を変える企業も出てきます。

今後もこの絶え間のない変化は続くので、企業を見極める力は重要です。

発想の転換を求められる日本企業

これまでの日本企業は、人口が増え、一億を超える大きな国内市場があったので、国内市場があまり大きくない韓国と違い、国内市場だけで生きていくことが可能であり、発想が「国内市場第一」でした。ある意味で「同質市場」という楽な道が存在したということです。

そしてものづくり至上主義なので、海外に対しては「国内で作って売る」という発想も強いです。たとえ海外展開するにしても「まず国内で成功してから」という発想になりがちです。

しかし、日本適応のビジネスモデルは少し特殊で、グローバルには受け入れられないケースが多いのです。日本で大成功をしたＤｅＮＡもメルカリも、アメリカ展開はうまくいっているとはいえません。

日本企業は明らかに、異質性の理解とハードからソフトへの価値のシフトが前提となったグローバル市場での競争への発想の転換が遅れているのでしょう。その中での例外は、アメリカでインディードを発掘し、育てて、グローバル展開に成功しているリクルート（現社長の出木場《いでこば》氏）です。成功確率は高いとはいえませんが、とくにスタートアップには、この発想が求められています。

中堅企業（売り上げが３００億円以下）では、グローバル展開に積極的で、海外売り上げを急速に伸ばしている企業もあります。

たとえば、ＤＳＰ（Demand-Side Platform）と呼ばれる、広告出稿の費用対効果を高めたい広告主のためのプラットフォームサービス（広告枠配信システム）を手掛けるフリークアウト・ホールディングスは、急成長の中で海外売上比率が7割を超えています。

２０１２年にアメリカに進出しますが、うまくいかず3年で撤退しています。しかし、２０１８年にメディア向け収益化支援プラットフォームを開発・運営するアメリカの

Playwireを買収し、そのシステムをてこに、一気に欧米・アジア全域にビジネスを展開し、13カ国・地域に拠点を持っています。

日本企業で働く日本人は、置いていかれる？

日本の企業が生き残るためにグローバルなオペレーションを拡大していくとしても、日本型のメンバーシップ型雇用は、海外では適用されないと思ったほうがいいです。実際、トヨタにしてもアメリカのオペレーションは、明確なスキルに基づくジョブ型です。つまり、海外オペレーションの比率が高くなるとメンバーシップ型の比重は下がり、最後は少数派になります。

メンバーシップ型の発想で海外で通用するかというと、なかなか難しいためです。明確なスキル・ベースのジョブ型の海外では、日本のメンバーシップ型にある「何でもできます」の調整役的な総合職は機能せず、本社の人間といっても現場ではリスペクトされないのが現実です。

「いや、日本でもジョブ型への移行と言っているのだから大丈夫」

そう思う人がいるかもしれません。しかし日本で議論されているジョブ型は「人ありき（人の値段）」のジョブ型で、「ポジションありき（ポジションの値段）」の欧米のジョブ型（同じジョブであるかぎり、原則的に定期昇給はない）とは別物です。

政府は日本型のジョブ（職務給）制度への転換を声高に叫んでいますが、政府の目指すところは、「メンバーシップ型での定期昇給が機能しなくなったので、職務給で定期昇給をさせよう」といったところですが、肝心の日本型職務給の定義ができていないのが実情です。

岸田首相は、２０２３年６月までに政府として日本型職務給のモデルを示すと言いましたが、２０２４年１月の施政方針演説に至っても、まだ、「日本型の職務給の確立で従来の年功賃金から、職務に応じてスキルが適正に評価され、賃上げに反映される日本型の職務給への移行を行う」と言っているだけで、依然として日本型職務給の定義はできていません。要は、定義は難しいので、賃上げが重要と言って議論のすり替えを行っているのです。

日本的なジョブ型推進の結果は、恣意的な目標設定による成果評価（欧米のジョブ型は契約で業務のアウトプットは決まっているので、そもそも評価しないです）による人件費カットに向かうので、欧米で通用する企業や業種横断的なスキル獲得にはおそらく向かわないと思います。かつての成果主義と同様に、日本のジョブ型は異形なジョブ型になると思います。

つまり、自分の価値を高めるスキルの獲得は会社に期待するのではなく、リスクを取って自分で進めていく必要があります。「政府や企業が促進しているリスキリング推奨の波に乗れば大丈夫」とは思わないほうがよいでしょう。

〝キョロちゃん〟からの卒業

すでに触れましたが、事業のグローバル展開の中で、日本人社員のライバルは日本人だけではなくなります。ドライに言うと、日本人（とくに、これといったスキルのない文系新卒）は本当に優先的に必要でしょうか。「日本企業なので、日本人であれば、特別扱いされるから大丈夫」というこれまでの〝常識〟を、疑ってかかる必要があるかもしれません。

繰り返しになりますが、いまのあなたは「変わりたくない、変えてはいけないと変化に抗う国家・政府」と「生き残るためには急速に変わらざるをえないことを理解し、価値を創出するための多様化組織への痛みを伴う変身を始める合理的な企業」の間で、「リスク・テイクの判断を迫られ、変わらなければいけないと思いつつ、頭と体が動かない・動かしたくない状態」ではないでしょうか。もしそうなら、キョロキョロ周りを見まわすのはやめ、自分で判断して、行動を起こしたほうがよいのではないでしょうか。

意識を変えて「リスク」を取らなければ、個人は、生き残りをかける合理的な企業の変化についていけないと思ったほうがよいでしょう。

つまり、企業は従業員と会社との関係を、これまでの従業員は家族のようなものというウェットかつ長期的な関係から、ドライかつ短期的な関係に急速に変えていくと予測できます。厳しく聞こえるかもしれませんが、「一生懸命働きます」という人材ではなく、「こいつは使える」という人材でないと、企業の変化に取り残される恐れがあります。

知識社会が進む中で、国境を意識せず、自分の知識・スキルをベースに、ネットを介して仕事を受ける独立した就業者「ギグワーカー」を選ぶことも、主体的なリスク・テイクの例といえるかもしれません。もちろんこれは極端な例です。

このように、生き残りをかけて合理的に振る舞う企業を冷静に見据え、「それをどう活用するか」を考え、判断し、行動する。そんな意識を持つことが、「『最新』の日本人（日本人3.0）」に脱皮するには必須なのです。

第4章 「日本人3.0」の必須知識――日本人

「日本人は文化と伝統を重んじる」とは本当か

この「日本人」編では、「『最新』の日本人（日本人3.0）」に脱皮するにあたって、そもそも日本人とはどんな生き物なのかを知って自覚しておく必要があるので、その解説を心地良い「オモテ」ではなく、ざらつく「ウラ」の視点で語ります。

私が率直に思うに、メディアで取り上げられる美談的な言説としての日本人像と実際の日本人の間には相当な乖離があります。

日本には古き良き文化と伝統があり、日本人はそれを重んじているかのような記事や政治家の発言を見聞きしますが、本当でしょうか？

もし〝伝統〟を重んじるなら、お正月やお盆という伝統行事や風物詩がなぜ力を失い、クリスマスやバレンタイン、ハロウィンなどといった伝統とは無関係なイベントが隆盛になるのでしょうか。「商業主義」という見方もありそうですが、正月だって同じことでしょう。

要は、成功しているかいないかの違いでしょう。昨今のおせちは、中華風やフレンチ風など様々なバージョンが出回っています。「おせち」というフォーマットを残して、おせちの中身は伝統的なものから変容してしまいましたからね。

実際、日本の伝統文化と言われる能や文楽をどのくらいの人が見ているでしょうか。たとえば茶道はどうでしょう。これまでの人生で一回でも、茶会に参加した人はどのくらいいるのでしょうか。俳句や短歌をたしなむ人はどのくらいいるのでしょうか。お仕事がらみでもないかぎり、着物を日常的に着る人は少ないですよね。卒業式の女性の袴《はかま》姿は伝統でしょうか。

シェイクスピアに発するイギリスの伝統といえる演劇ですが、オックスフォード大学においても演劇はとても重要ですし、夏になると野外ステージで劇を上演するなど、演劇はイギリスの日常の一部だと感じます。

ヨーロッパ諸国におけるクラシック音楽も同様で、バイオリンなどの楽器も日本のような「情操教育」という名の〝とりあえず舐《な》めるお稽古〟、つまりうわべの習い事ではなく、子供たちにとっては〝当然のたしなみ〟という印象です。

フランスでは、バレエやダンスも同様で、親は子供がクラシック音楽やバレエに触れるのは当然と思っています。

フランスでは、5月1日に愛する人々やお世話になった人々にスズランを贈ります。これは宮廷に由来する行事ですが、一般の人にも広く知られるようになったのは19世紀末ごろからといわれています。

いまでは栽培したスズランが主のようですが、摘んできた野生のスズランを街角で売っている人が子供も含めてかなりいます。日本では死語かもしれませんが、まさに〝風物詩〟そのものです。市場規模は約1億ユーロといわれています。

「美しい日本」はどこへ行った

要は、日本の〝文化〟や〝伝統〟などといわれるものは、現在の生活にはあまり根づいていないのです。文化は生き物ですので、生活から切り離されたら文化とはいえない気がします。

たとえば浮世絵は、江戸時代には庶民や商人の生活に根づいた文化であったかもしれませんが、現在は浮世絵のプロの絵師も彫師も摺師《すりし》（馬連《ばれん》［木版画を摺る際に用いられる道具］は摺師が自作するそうです）も数がかぎられ、ほとんど絶滅危惧種ではないでしょうか。この意味で現在の浮世絵は美術品であり、文化ではありません。

日本は「瑞穂《みずほ》の国」というので、お米を食べるのも日本の文化・伝統と言われますが、コメの消費は減る一方で、かつての高級食パンのブームなど、昨今はパンのほうが目立っているのではないでしょうか。

要は、かつて生活に根づいていた米食も危うくなっているわけです。

もし米食が日本の文化・伝統であれば、もっとお米を消費しているはずです。

お米の一人あたりの消費量を見ると、「1人当たりの消費量は年間55・2キログラムと他のアジア諸国に比べて圧倒的に少なく、年々減少傾向にあります」と農林水産省も現実を認めています。

安倍元首相は「美しい日本」と言っていましたが、その中にはおそらく「美しい日本語」も含まれるでしょう。

そのひとつとして「言霊《ことだま》」という言葉が挙げられます。古来、日本は言葉に宿る力によって幸せがもたらされる国「言霊の幸《さきわ》ふ国」とされてきました。つまり、声に出した言葉が現実の事象に何がしかの影響を与え、良い言葉を発すると良いことが起こり、不吉な言葉を発すると凶事が起こると信じられてきたわけです。日本社会において、日本語とはそれほど重要なものでした。

しかし確信犯の麻生太郎元首相をはじめ、何度も失言をしては、その都度「撤回」を繰り返す日本の政治家たちを見るに、日本社会において言葉がいかに軽いものになり下がったかは明白です。

加えて政府までもがカタカナ語を濫用《らんよう》していませんか。

実際、カタカナ語がまったく使われていない文章や会話に出くわすことは、ほぼ皆無ではないでしょうか。日本の伝統と言われた「美しい日本語」はどこへ行ったのでしょうか。

そもそも東アジア諸国の中で新年を旧暦ではなく新暦で祝うのは日本だけですから、日本人が本当に文化・伝統を重んじるかは、明治時代から疑わしくはないでしょうか。

考えてみれば、江戸時代までの文化・伝統をなかったことにするのが明治維新政府の政策なので、当たり前かもしれません。

そもそも文化とはなんだ？

論理的な話になりますが、「習慣」は個人の目的性を喪失して繰り返される行為と定義できます。習慣とは、もともと何か目的・意味があって始めた行為のはずが、それが繰り返される間に、当初の目的・意味が忘れ去られ、行為だけが繰り返される状態ともいえるでしょう。

それを、集団で行うと「慣習」といいます。そもそも「米食」も日本列島に住む人の慣習でしょう。

「文化」も集団内で共有される「繰り返される行為」といえますが、「慣習」と「文化」の決定的な違いはその行為に価値が付与されているかどうかです。価値という重要な要素が付与されると、行為や態度の背景にある考えなども文化に含まれるようになります。

文化人類学における文化の定義の中で最も古典的なものは、E．B．タイラーが『原始文化』（1871）の中で定義した「文化または文明とは、知識、信仰、芸術、道徳、法律、慣習その他、社会の成員としての人間によって獲得されたあらゆる能力や慣習の複合総体である」でしょう。ここで「文化」と「文明」が同列にあるのは「より高度に進化し収斂する」と考える単系的な社会進化論の時代なので、ご愛敬です。

これは、「文化」を「慣習」の上位概念として定義しているわけです。「悪しき文化」とも言いますが、「文化」には概《おおむ》ね正の価値が付与されています。問題は、この価値を誰がつけるかです。ふつうに考えれば、「文化」は「慣習」よりは先に来ませんよね。集団内で繰り返すうちに目的性を喪失した当たり前の行為が慣習なので、当たり前にあえて価値を感じる必要はないですからね。

価値が付与されるのは外部との比較において行われると思います。おそらく2つのパスが考えられます。

ひとつは、外部者による価値の発見でしょう。

これは比較がない未開の場合と、比較があっても劣等意識のある場合です。

もうひとつはナショナリズムです。

ナショナリズムでは、外部者に対しての自分たちの独自性（≒優越性）を探すので、自分たちの慣習に価値をつけることになります。そして、ナショナリズムなので、文化は政治的に「国（民）の文化」に拡大されます。

繰り返しますが、ある「慣習」を有する、他者との比較のない集団にとって、当たり前の行為に価値があるかどうかは大きな問題ではないのです。

また、先進的な外部と比して自分たちの慣習を劣等と見る集団においても、慣習に価値を見出《みいだ》すことはありません。

それをある時、外部者が、その「慣習」は素晴らしいと評価すると価値が付与されるわけで、その「慣習」を持つ集団はそれを「文化」として再定義するわけです。

良い例が、日本語の敬語です。

いまでこそ敬語は日本の重要な文化と思われていますが、実はそうではありませんでした。江戸時代を全面否定したい明治維新政府の指導のもと、お城は壊すわ、お寺は壊すわ、浮世絵や仏像は廃棄するわ、とかなり徹底した文化の破壊が行われました。その中には日本語廃止論もあり、日本人は敬語も含めて日本語を評価していませんでした。

しかし、明治期のお雇い外国人で言語学者・日本研究者であったイギリス人のチェンバレンが、「世界に日本語ほど敬語の表現に満ちている言語はない」と敬語に価値を見出します。すると日本人は、敬語は価値のある「文化」だと認識し始めます。それ以降、敬語は重要な日本「文化」だと皆に見なされるようになります。

一度、外部者が「慣習」に価値を付与すると、人々は自分の「慣習」に価値を見出そうとして、みんなで「文化」を探し回るわけです。ゆえに「文化」は増殖します。いまの日本をみれば、そこかしこに「日本文化」があるのではないでしょうか。

しかしバブル崩壊後の日本においては、若い世代は、政府や年寄りの教育の甲斐《かい》もなく、あるいはこの価値が減衰していく傾向が強いのか、そもそも、日本の文化に価値を見出してはいないのかもしれませんね。

価値を置いていなければ「慣習」なので、環境の変化に応じて廃れていく可能性は高いといえます。日本人が大事にしているという季節感（二十四節気）が急速に失われていくなかで、風物詩も急速に失われていますよね。

その一方で「文化」が衰退してくると、それを無理にでも残そうとする人々が、長く続いていること（価値があるから長いこと続いているという前提がありますが、惰性で続いているものもありますし、考えが倒立して、長い歴史があるようにわざと見せることもあります）を強調して「伝統」という表現を使うようになります。いまの日本は「伝統」だらけといえるでしょう。

日本全国にある神社で行われるお神楽は「伝統」ですが、多くが後継者難で絶滅に瀕《ひん》しています。たとえば長崎県・壱岐《いき》にはお神楽が多くあります。お神楽は神職しかできないということもありますが、やはり存続が危ぶまれています。

また、伝統芸能の後継者を養成する研修制度も危機に直面しています。文楽《ぶんらく》（人形浄瑠璃《にんぎょうじょうるり》）が研修生の応募ゼロで研修を始められない状態になり、能楽や歌舞伎も低迷し、存続が危ぶまれているのが実態です。実際、歌舞伎は、市川團十郎の襲名披露の席を容易に買えるくらいです。昔では考えられなかったと思います。

日本人は食に対して保守的か

一般的に「日本人は食にまつわる変化をいとう」、つまり保守的だとされますが、どうでしょうか。

海外では、「箸」「白米（穀類）」「一汁三（二）菜」などのフォーマットからなる和食がブームです。もちろん中華料理や韓国料理に比して単価が高く稼ぎやすいため、飲食業界でもてはやされる、という部分もあるでしょう。

しかし当の日本人は、和食をいつも食べているでしょうか。

日本人が食べているものは何でも「和食だ！」というのであれば、話は変わりますが、一応、建前では和食は日本の文化・伝統とされているので、それに準じて話を展開します。

これを語るには、和食を日本の食事というアバウトなものではなく、厳密に、和食、日本料理の高級版、日本料理の家庭版に分けて考える必要があります。

●和食……みそ汁やお新香、海苔《のり》や納豆など、
　昔からの日本の食材を使う日常料理
●日本料理の高級版……料亭の料理のように、フレンチ同様に作り方の
　厳密な手順があり、日本の食材を使う高級料理
●日本料理の家庭版……現在、家庭で日常的に作られ、食べられている料理

現実的には、家庭で食べているのは、ハンバーグ、ナポリタン、ロールキャベツ、コロッケ、オムライス、カレー、ギョーザ、マーボー豆腐といった、和食ではない、しいていえば昭和飯といわれるものです。これが、普通の日本食と言えますね。

和食をクールジャパン（かっぱえびせんのように「やめられない、止まらない」そして何でもありで、最近はフールジャパンともいわれていますが）として、海外に売り出しているわけですが、当の日本人は和食を日常では食べていないわけです。

かわりにラーメンはよく食べるかもしれませんが、ではラーメンを和食の代表にするのでしょうか。そうすると和食は、コメでもなく、伝統でもなく、中国由来の食文化（中

華そばとも呼ばれていたように、小麦粉を主原料として、中国発祥の中華麺をスープとともに食する食べ物）になるのでしょうか。ラーメンでは、日本の食は折衷《せっちゅう》的で柔軟といえますが、伝統的な例にはなりません。

「いやいや和食といえば寿司だろう」と言われそうですが、これも回転寿司が主で、家庭料理ではないです。

そして、ネタと酢飯が逆巻きのカリフォルニアロールは名前からして日本出自ではない（発案者が日本人であったとしても）のでおくとして、寿司のサーモンは、いまは欠かせないネタですが、それははたして伝統的な寿司といえるでしょうか。

私の知るかぎり、銀座の高級鮨屋ではサーモンは「ネタ」ではありません。というのは、サケ・マス類をはじめ淡水魚の多くには寄生虫がいるため歴史的に生では食べてこなかったからです。つまり伝統的な寿司ネタではないのです。昔は、生のサーモンといえば北海道の「ルイベ」だけでした。ルイベとは、サケやマスなどの魚を冷凍し、半解凍のまま刺身にして食べる郷土料理のことです。

サーモンの寿司が日本でも受容されるようになったのは、１９８０年代半ばから。これを主導したのは、サーモンの養殖が国家産業であるノルウェーです。対日輸出を主導したビョーン・オルセン氏のマーケティング戦略が功を奏して、大ヒットになったといわれています。

生で魚を食べ（られ）ないアメリカ人用にカリフォルニアロールが考案され、スモーク・サーモンやマリネしたサーモンも寿司ネタとして使われたようです。これを知っていたと思われるオルセン氏が、生食大好きの日本人に、生食可のノルウェーのサーモンを売り出したのです。結果、日本人はそれに飛びついたというわけです。

このように、回転寿司や寿司チェーン店で大人気のサーモンの寿司は、そもそも日本の伝統的な寿司ではまったくないわけです。そんな事情を知らなかったり、気にもしなかったりという態度では、「伝統意識が強い」とはいえないでしょう。

消えた「口中調味」

もうひとつ言うと、白米食から発したと思われる「口中調味」という日本独特の食べ方があります。味の主張が弱い白いごはんを口の中で、おかずの味で味つけしながら、味を調整して食べていくという食べ方です。

これは、白米食中心の一汁三菜の食べ方です。

米の消費が減ってきていて、日本食（昭和飯）が家庭で主流になってきていても、この白米食中心の口中調味が命脈を保つのであれば、日本の食のコアの部分は生き残るといえます。

しかし「白飯をおいしく感じるおかず」と「おいしく食べるために白飯が必要なおかず」という考え方を日本人が失っていくと、「和食」という概念はもとより日本の食の基盤がなくなってしまうのではないでしょうか。この意味で、牛丼や麺類をより多く食べると、この口中調味の食べ方からは外れていきます。

カレーライスから福神漬けがなくなりつつあるのは口中調味の意識の希薄化を示しているのかもしれませんね。

学校給食を所管する文科省の「食に関する指導の手引き」では、以前は記載されていた「主菜とおかずは交互に食べる」（１９７０年代に東日本で広まった「三角食べ」）という文言は、現在はなくなっています。

政府が「和食を世界に」というなら、「口中調味こそ日本の食の伝統」であると、まず日本人に強く認識させることが第一ではないでしょうか。

生食は、日本の伝統か

そろそろ終焉《しゅうえん》を迎えそうな生食パンブームのように、いまの日本人は何でも生で食べるのが好きです。それは、わが国の伝統なのでしょうか。「そもそも日本の誇る刺身と寿司は生なのだから、当たり前だろう」、そんな声が飛んできそうです。

刺身は室町時代に始まったと思われますが、カツオが出回るようになる江戸時代になると、刺身は文献にもそれなりに登場します。しかし、生魚を食べていたのは江戸や大阪の一部の人々であり、多くはないです。

当然ながら、主な食べ方は、やはり魚を細く（あるいは薄く）切り、酢を基本にした調味料で和えて保存性を高めたなますです。

ちなみに、なますは中国由来で、獣肉や魚肉を細かく刻んで生で食べていたものが、日本に奈良時代あたりに伝わり、室町時代になると生ではなく酢などで締《し》めるいまのなますになったといわれています。

寿司の系譜も保存食として魚を乳酸発酵させた「熟《な》れ鮨」が基本です。熟れ鮨はタイ北部と中国雲南が発祥とされます。

江戸後期になって、熟れ鮨に代わって屋台で出す「握り寿司」が江戸で人気となります。その大きさは、いまの倍とも、おにぎりくらいともいわれています。江戸の郷土料理です。

江戸前（江戸前島《えどまえじま》や佃島《つくだじま》などの漁場を指す）で魚介類がとれるので生のネタを使えそうですが、当時の衛生環境と冷蔵技術を考えれば、酢締めや醤油漬け、あるいは火を通した素材が主であったと考えるのが現実的です。

このように日本人の「魚食」には長い歴史がありますが、「生で魚を食べる」のは一部の地域の一部の人の話です。それは「鯨を食べるのは日本の食の伝統」という説と同レベルで説得力がありません。鯨食とはそもそも戦後の肉類不足を補うための策でした。

政府の捕鯨政策によって鯨を給食で食べさせられたわけですから、それを「日本の食の伝統」とはいえません。

「鯨食は伝統」と叫んでいたのが、近代捕鯨の発祥地・山口出身の安倍元首相と、古式捕鯨の発祥地・和歌山出身の二階俊博《にかいとしひろ》氏というのは、偶然の一致なのでしょうか。

実際に日本人が魚を生で食べるようになるのは、第二次世界大戦後の高度成長時代以降です。漁労技術の発達、冷蔵庫の急速な普及、そして冷蔵流通網の発達のおかげです。

このように、日本人が魚を生で食するのは昔からの日本の伝統とはいい難いのです。

最近は、昔は生では食べなかった魚でも、冷蔵輸送技術の進歩で何でも新鮮といって刺身で食べようとしますよね。また、安倍内閣の地方創生政策で後押しされたご当地名物も、これに乗っかっています。「鮮度が重要なので生食はここでしかできませんよ」と煽るのです。それを、メディアのコマーシャリズムが囃《はや》し立てるわけです。

正統派のお寿司や刺身を食べる方ならご存じでしょうが、魚は「とりたてが何でもうまい」というわけではありません。活け締めにして何日か置いたほうが美味になります。ですから厳密に言うと「とりたてがうまい」ではなく「とりたてなら何でも食べられる」

といったほうが正しいかもしれません。

漁師は忙しく重労働なので、仕事中の食事には手軽さとカロリーと栄養補給を重視します。結果、生のままや大鍋にして食べるわけです。ですからそれが本質的に美味な食べ方であるかは即断できません。

生しらす丼は〝伝統〟なのか

ここのところ江の島を中心に湘南《しょうなん》の生しらす丼が大人気です。

私は近くの鎌倉出身です。江の島は私の子供のころから有名な観光地で、多くの人で賑《にぎ》わっていました。1964年の東京オリンピックのヨット競技の会場にもなりました。あの頂上へ登るエスカーは1959年開業です。

しかし、私が渡米した1987年までは、生しらす丼など聞いたことはありません。

実際、しらすブームの先駆けともいえる「とびっちょ」は、「湘南名物のしらすを主役にしたお店を」というオーナーの思いで2002年にオープンしました。

最初は、釜揚げしらすが売りでした。そのうち生食ブームに乗って、「生しらすに限っては、通常水揚げされた当日にしか食べることができません」と謳い、それがきっかけで生しらす丼ブームが起こりました。

でも、しらすの本場である鎌倉の腰越《こしごえ》漁港の漁師のおじさんは、「しらすは釜揚げしてすぐ食べるのが一番だね、だけど生しらすは高く売れるからね」と言っていましたね。

こう見ると、昨今の魚の〝何でも生食〟は「生で食べるほうがうまいはず」と、「生で売るほうが付加価値も価格もアップ」という2つのメリットで強化された海産物ビジネスといえます。文化というよりも、メディアによって刷り込まれたものでしょう。

この生で食べるという刷り込みは、海産物から、肉（牛サシや鳥サシ、O157で禁止になりましたが、牛の生レバーなど）に広がり、野菜へも広がっていますよね。生で食べれば何でもおいしいという刷り込みで、生で食べられるものを探し回るわけです。

最近はトウモロコシも生で食べるくらい、日本人は野菜をどんどん生で食べますが、それは昔からではないです。昔は、漬物が主です。ゆえに野菜も生食を前提には栽培していなかったと思います。

野菜の栽培環境からして、衛生的な生食に適していたかも疑問です。

そもそも野菜は生では口にしないものでした。戦後、食の洋風化とキユーピーの戦略で、アメリカから輸入された「サラダ」を食べるようになるわけです。これが、最近は加速化しています。パプリカやズッキーニのはやりも、この流れでしょう。

イタリアやフランスと違ってトマトもほぼ生食用です。京都出自のミズナはそもそも、漬けるか鍋（ハリハリ鍋）で食べたので一束はかなり大きかったのです。それが最近はサラダで食べるようになったので、品種改良で一束がとても小さくなっています。

一説によると、いま売られている小ぶりのミズナはアメリカ市場向けにサラダ用に小ぶりに開発されたものが逆輸入されたものらしいです。

タキイ種苗が1993年に「サラダ用みずな」という商品名で売り出しています。現在は「シャキシャキサラダ水菜」として販売されていますが、白い柄の部分が短く、その割りに葉は青々としており、まさにサラダに適した状態のものといえます。

食の伝統という点では、韓国のキムチと日本の漬物のどちらに軍配が上がるかは明白です。減りつつあるとはいえ、韓国では依然として家庭でキムチをつくるようです。

一方、糠床《ぬかどこ》があったり、自宅で漬物を漬けたりする家庭は日本にどのくらいあるでしょうか。

日本人は、なぜ何でも生で食べようとするのか

現在は、日常的に何でも生で食べようとするので「生食は日本の食文化」といえなくもないでしょう。問題は「なぜ日本人が何でも生食しようとするようになったか」です。話は１９７０年代末に、ロサンゼルスとニューヨークで始まった「スシブーム」にまでさかのぼります。

このブームはアメリカから欧州、そして世界に広がり、日本人は生でものを食べるという強いイメージが生まれます。

このイメージが逆輸入され、外国人に「日本人は何でも生で食べるんですよね」と言われ、「日本人は何でも生で食べるものなんだ。だって生はおいしいから」と日本人自身が思うようになったのではないでしょうか。これもある種の外圧ですね。つまり外国

人にいわれるとすぐにその気になってしまうのです。

つまり「何でも生食する日本人」という日本の生食の文化は、「作られたもの」ともいえます。実際、初詣もそうですが、伝統は創られますからね。

この「生食」という刷り込みも文化ともいえなくはないですが、胸を張って日本の食の伝統といえるかは疑問でしょう。

ここまでを総括すると「日本人は保守的で伝統を重んじる」という一般論は、実は真逆ではないかということです。日本人はむしろ新奇性を好む生き物で、伝統という〝後方〟ではなく、新しいもの探しのアンテナの感度を上げて〝前方〟を向いている気がします。

要は、公権力の教育を通して日本人は「保守的で伝統を尊ぶ」と刷り込まれているだけで、内実は違うのではないでしょうか。ナショナリズムを必要とする公権力としては当然の政策ではありますが、個人はそれに気づくべきでしょう。

「節操がなく飽きやすいイベント好き」が日本人の本質

ここまでの議論でおわかりいただけるかと思いますが、戦後の日本社会は、とくにバブル景気を契機として、実は「新しいものの摂取とその栄枯盛衰の連続」です。別の言い方をすると「猫も杓子も参加するブームという名の消費と使い捨ての連続」とも形容できます。

先述の生食パンではないですが、オワコンとなったブームは山ほどありますよね。長蛇の列で有名になったクリスピー・クリーム・ドーナツもそうでしょう。短いものでは、イタリア菓子のマリトッツォでしょうか。

最近は複数の味のバラエティをつけたフランスのカヌレでしょうか。

まさに「焼き畑的思考」とでもいえそうです。

その一方で、日本の伝統行事や風物詩を深掘りするよりは新奇性を求めて定着したイベントもあります。クリスマスに始まり、バレンタインデー、ホワイトデー、最近はハロウィンでしょう。

そこそこ定着しつつあるのは、10月という時期に関係のない「オクトーバーフェスト」でしょう。これは毎年秋にドイツ・ミュンヘンで開催される、200年以上の歴史を持つ世界最大のビールの祭りです。さすが節操のない日本人です。

ドイツでは伝統を守るので、オクトーバーフェストはミュンヘンで9月の中旬から10月の頭までの開催ですし、ミュンヘン以外ではオクトーバーフェストという名称は使わず、シュトゥットガルトではカンシュタッター・フォルクスフェスト、ブレーメンでは、ブレーマー・フライマルクトと呼ばれています。

ここ最近のイベント的な流行は、「ヌン活」でしょう。「ヌン活」は、2022年の「ユーキャン　新語・流行語大賞」にノミネートされています。

「ヌン活」とは「アフタヌーンティー活動」を略した言葉ですが、なんかとても軽いです。悪い意味ではないですが、言葉にこだわりのない、何でも短縮して、原形をとどめない（たとえば、ガクチカ＝学生時代に力をいれたこと）。この軽薄さも、日本人の本質かもしれません。

アフタヌーンティーとは、イギリスでの紅茶ブームを背景に、ヴィクトリア朝時代の

19世紀中ごろに英国貴族夫人の間で発祥した午後4時ごろに紅茶とクランペットという形式で始まった喫茶習慣です。その後、当時の中産階級、いまの日本でいえば中流ではなく「上級国民」の間に広がっていきます。

いま、日本人がアフタヌーンティーと思っている、ホテルのラウンジへ行き、三段スタンドを前に紅茶とたしなむという正統な英国式スタイルは、20世紀になってからのものです。

私は1990年代初めにイギリスに数年住んでいましたが、アフタヌーンティーといえば、ロンドンのフォートナム&メイソン（18世紀初めの創業の老舗百貨店）でしょう。面白いことに、当時バブル景気もあり、お客さんの多くは日本人でした。

そもそも一般的なイギリス人は、フォートナム&メイソンを知らないと思います。多くのイギリス人にとって、午後のティーブレイク（a cup of teaと言いながらコーヒーを飲みます）はありますが、それは小休憩で日本人の考えるアフタヌーンティーではないのです。

さて、インスタ映えを背景に令和の日本で大流行している日本独自の変形を遂げた「ヌン活」とは具体的には、ホテルやカフェなどで提供されるアフタヌーンティーサービスを楽しむ活動のことを指し、まるで英国の貴族になったかのような非日常的な気分を手軽に味わえることから、とくに若い女性を中心に人気を集めているようです。

ふつうの人が実態をまったく知らないはずの〝英国貴族〟のような気分になれるのも、「みんな同じ」という一億総中流意識の正の側面でしょう。つまり現代日本人は、よくも悪くも階級意識を持っていないのです。伝統的に階級意識の強いイギリスでは、ありえないことです。

最近は、「ヌン活」にはまる人は、若い女性層以外にも広がっているようです。年配の女性や子供、若い男性やシニア男性、加えてペットの犬までも楽しめるように場所やメニューも趣向を凝らしています。いかにも節操のない日本らしく、中華料理店でもインド料理店でも、どこもかしこもアフタヌーンティーメニューを揃えています。これぞ節操なく新奇性を外部から取り込み、換骨奪胎《かんこつだったい》してイベント化する日本人の真骨頂です。

さて次は何でしょうか。11月のサンクス・ギビングデーか、4月のイースターか。はたまた3月のセント・パトリックデーのあたりでしょうか。これはアイルランドの守護聖人のお祭りなので、ギネスビールを飲むようです。

サッカーやラグビーのワールドカップの盛り上がりを見ていて思いますが、ルールを知らなくても、その場にいて楽しく盛り上がって、終わると、「じゃあ、4年後に」でいいんです。要は、イベントの中身ではなく、イベントそのものへの〝参加〟が重要なのでしょう。ジャン・ボードリヤールのいう「終わることのない記号消費」(イベントの中身の鑑賞ではなく、イベント参加が意味する記号)の最先端を行くのが、一般的な日本人なのです。まさに、イベント・アニマルです。

日本人の得意とすることベスト5

ここまで書くと「日本人の得意はなんなんだよ!」と言われそうです。人それぞれとは思うのですが、ある種の傾向は見られます。

1つ目は、日本人は、思想・信念・信条にはあまり関心がない(節操がない)ので、行動的に制約を置かず、かなり自由な点です。それで脈絡は関係なく、新奇性の探索に意識が向かうのだと思います。ゆえに伝統的ではないです。

２つ目は、何かを詰める饅頭《まんじゅう》の発想です。これは明治時代の木村屋のあんぱん以来でしょう。コロッケだろうと焼きそばであろうとなんであれ詰め込む食事パン、その最終形が山崎製パンの「ランチパック」でしょう。イチゴ大福やトマト大福もそうです。いまはフルーツ大福に発展しています。

ブームにもなったチョコクロも、フランス人には理解できない世界でしょう。フランスではパン・オ・ショコラになりますが、クロワッサン生地を楽しむため、チョコレートはごく少量です。中身が重要な日本人には「パスタを楽しむためのソース」というイタリア人的な発想も理解しがたいでしょう。

この中身を重んじる姿勢こそ、日本の食文化の特徴です。

詰め込む中身の味についても柔軟で、伝統はさして関係がありません。中国の点心の小ぶりの「包子《パオズ》」に発する日本の肉まん・餡《あん》まん（中身のない中国の蒸しパンである「饅頭《マントウ》」に中身を入れたもの）ですが、いまや中身はバラエティに富んで、ピザまん、カレーまん、チャーシューまんなどがあります。

コンビニの限定商品になると、豚角煮まん・てりやきチキンまん・ビーフカレーまん・チーズピザまん・塩豚まん・高菜明太まん・海鮮まん・ゆず胡椒まん・グラタンまん・餃子まん・もんじゃまん・チョコレートまん・カスタード・クリームまん・キャラメルまん・プリンまんなどがあります。どら焼きは餡子が基本ですが、栗どら焼き、レモンどら焼き、抹茶どら焼き、チョコどら焼き、バナナどら焼きなどもあります。おせちも中華風、フレンチ、イタリアン、それらの折衷バージョンなど何でもありです。

鍋料理についても、同じことがいえます。基本形に加えて、キムチ、コラーゲン、カレー、豆乳など、何でもあり。良くも悪くも、本当に柔軟です。

またスイーツでいうと最近はカヌレブームが再燃しています。カヌレはフランスのボルドーの名物菓子ですが、いま日本ではオリジナルに加えて、抹茶、ショコラ、フランボワーズ、オレンジ、イチゴなどフレーバーのバリエーションが豊富です。はたまたトッピングつきのカヌレや、生クリームを詰めた「生カヌレ」なるものまであります。まさに何でもありです。

一方のフランスのボルドーでは、同業組合で伝統的なカヌレを保存するために頑張っています。彼我の差は大きいです。

この「何かを詰める」という発想は弁当的発想ともいえます。それが、結実したのがガラケーでしょう。

残念ながら、デジタル化によってスマホは詰め込みではなく、インターネットにつながるブラックホールとなり「日本の製造業の詰め込み」という強みはなくなってしまいました。しかし節操のない発想、よく言うと「伝統に縛られない柔軟な発想」は、折衷的組み合わせで何か新しいものを生み出すかもしれません。

日本人が得意とすることの3つ目は、際限のない追究です。「行くところまで行く」というか、如何《いか》に詰め込めるかの挑戦です。これは精緻化と並行します。

古くから欧州の街中でよく使われる漆喰《しっくい》ですが、6世紀から7世紀ごろに中国・朝鮮半島経由で日本に伝来して以来、日本の伝統と称されるまでに精緻化したという例があります。

最近で言うと、果物の品種改良です。近年の果物を見るに、甘さと見かけの追究はどこまでいくのかと思います。どの果物も、同じ甘さに向かっているような気がします。外見も、サクランボの佐藤錦をはじめとして、素人目で見ても〝自然に採れる果物〟の域を超えています。これはあとの章で出てくる話につながります。

4つ目は、「味ではなく目で食べる」（中身より視覚重視）という点です。最近の例で言えば、ケーキやかき氷、お弁当、「インスタ映え」で検索できるグルメサイトなどを見れば納得いただけるでしょう。つまりプレゼンテーションに優れています。

日本人が手先が器用だからというのは当然ですが、それ以前に見栄えへのこだわりの強さは相当なものです。ゆえに、日本人に優秀なパティシエが多いのは理解できます。

5つ目は、モノづくりの発想ともつながると思いますが、「発想がアナログな点」です。これは日本語と関連があるかもしれません。0―1のデジタル数値ではなく、感覚重視なのです。

とくに重要なのは手です。高度な例は、手による大型レンズ磨きの精度の高さでしょうか。また、日常使いの民芸品は手仕事の精度の高さを物語っています（『手仕事の日本』

柳宗悦［岩波文庫］）。ゆえに日本人は陶芸が好きなのかもしれません。

そして日本の陶芸は世界でも注目されているようです。ChatGPTも出てきて、AIの進歩は加速化すると思いますが、アナログの世界は生き残りますし、相対的な価値は上がると思います。デジタル面では、人間はAIにはかないませんからね。

このような日本人特有のアナログな発想を大事にすることは、競争力のある「『最新』の日本人（日本人3．0）」になるうえで非常に重要です。

第5章　「日本人3.0」の必須知識——メンタル

「持続的変容性」という日本人の本質

前章で、実は日本人は保守・伝統的ではなく、むしろ新奇性を求める傾向が強いと述べました。『日本の思想』を著した、戦後日本を代表する政治学者・丸山真男《まさお》も説いたように、日本人の本質は「持続的変容性（つねに変わる『変わらない自分』）」にあります。

要は、不思議（外部新奇性）を見れば、ひたすら、それを取り込むという心性です。絶え間なく新奇性を取り込み、その「精緻化」（いじくりまわすこと）を通して日本化を行う。つまり背景の思想の無化と換骨奪胎を行う点が、日本人の本質なのです。換骨奪胎とは、外形は元のまま中身を変えることです。

この心性は、同質性（周りをすぐ見る「みんなで一斉に」が大好きなキョロちゃん）の中で発揮されるので、日本社会は外国からは、その行動は一貫性に欠け、極端から極端へ振れるようにも見えるようです。これは、日本人には確固たる思想・信条と節操がないことも影響しているのかもしれません。

筆者としては、この心性は変化が常態化する現在・将来において強みではないかと思えるのですが、それを当たり前と強く意識して「強み」と自覚しない背景には何があるのか、考えてみましょう。

「持続的変容性」の意識は、封印されている

この新奇性の取り込みは、戦後の高度経済成長時代を通して、工業製品に落とし込むという形で、外部にある「真似ることのできる進んだモデルの追求」という解釈が主であったと思います。現在は知財的に違法ですが、当時はリバース・エンジニアリングと称して海外の製品のコピーや改造を盛んに行っていたものです。

明治の和魂洋才《わこんようさい》の流れともいえなくはないですが、当時は近代化の観点からは〝和才〟がなかったので、和魂で国のメンツ（ナショナリズム）を維持したと捉えるべきでしょう。当時の国際政治の状況からして、ナショナリズムは明治政府にとって必須だったからです。

安保闘争で退いた岸内閣を引き継いだ池田内閣以降、自民党政権は、政治（思想や信条）の話は封印し、経済（≒豊かさ）という指標を支配的にして、日本人の意識を一本の線路に乗せたので、日本人の持つ「持続的変容性」の心性という観点が弱くなるのは当然といえば当然であったかもしれません。

加えて、「一億総何々」というのが大好きで、ナショナリズムを強化するのがお仕事の政府なので、主に教育では人々の意識を文化・伝統という名の道徳重視と同質性に封じ込めようとするわけです。

この道徳と同質性の重視は、安倍政権で強化されますが、この刷り込みに対して国民の側からの強い反発はなかったように見受けられます。「持続的変容性（つねに変わる『変わらない自分』）」という日本人の本質は、意識として封印されているのかもしれません。

「伝統重視の同質性」「持続的変容性」は、公と私の領域なのか

しかし、日本人の新奇性を模索する行動は前章でお話ししたように、日本人は伝統重視という言説とは反対を向いているわけです。この二重性を日本人がどのくらい意識しているかはわからないですが、意識されているとすると、この矛盾を孕《はら》む二重性は合理化されているはずです。

そのひとつの可能性は、明治政府が神道にとった対応にさかのぼります。

時に早急な近代化を目指す明治政府は、援助をもらいたい欧米に対して政教分離の原則を重視する体裁が必要である一方で、幕府と仏教に代わり、明治政府の正統性を神武《じんむ》天皇にまでさかのぼって求めたので、神道を持ち上げないわけにはいきませんでした。

つまり、神道を国教にしたかったわけです。

しかしそうすると、政教分離の原則に抵触します。

そこで賢い政府が考えたのは、公的な場では神道を国教とするけれど、家庭など私的な場では信仰は自由としたわけです。要は「たとえ矛盾していようが、公と私の切り分

けをすれば矛盾ではない」というスタンスです。

これに従えば、いまの日本は「公的（表）では同質性と伝統を重んじるが、私的（裏）では持続的に変容することを続ける」ということかもしれません。

しかし、予期せぬ新型コロナというパンデミックの襲来で、公的な同調圧力が強化された中で、公私の違いの合理化が難しくなってきたわけです。

それが、公的な同調圧力（ケ）からの息抜き（ハレ）としてのイベント・アニマル現象を加速させたのではないでしょうか。イベント・アニマル現象とは、次から次へとイベントを探して、よくわからなくても、とりあえずそのイベントに参加するという日本人固有の現象を指します。たとえば伊藤若冲《じゃくちゅう》の作品を鑑賞するのではなく、若冲展に足を運んだということに重きを置く心性が特徴です。つまり、私的な持続的な変容性が、ゆがんだ形であらわれているのです。それは当然のことかもしれません。

この現象は、多様化をなんとなく理解しはじめた若い世代に顕著です。新型コロナが2類相当から5類に変更になってコロナ禍が落ち着いてきても、日本社会は根底から同調圧力の強い社会なので、このイベント・アニマル現象は変わりません。都会においても同様です。

そもそも昔の村祭りは年に一回の無礼講《ぶれいこう》でした。

おそらく、それは村という全人格把握を前提とした日常の相互監視社会からの束の間《つかのま》の息抜きであったのではないでしょうか。日本人のイベント好きには、このような背景があるのかもしれません。

その意味で、ハロウィンは現在の無礼講といえます。日本のハロウィンイベントの中心たる渋谷スクランブル交差点について、渋谷区長は徹底的な規制に走っています。しかしその結果、ハロウィンの中心は渋谷から池袋に移るだけで、本質的な変化はないでしょう。

「持続的変容性」の心性が意識されない理由

もし、この二重性が意識されていないとすると、それはいったいなぜでしょうか。

「1980年代のバブル経済の成功によって日本は世界の最先端となり、もはや導入する（まねる）外部のモデルはないと捉えるに至った」、このような指摘はよく耳にします。

これはつまり、バブルの成功による驕《おご》りによって経済という観点からの「新奇性を取り込もう」という意識は薄れ、日本人の持つ「持続的変容性」という心性は意識下に埋没したのかもしれません。

これと並行して考えられるのは、一億総中流という強度の「皆、同じ」（同質性）という意識かもしれません。「過度の平等意識」ともいえるでしょう。

日本の戦後は、天皇制を利用した戦前の革新官僚（安倍元首相の祖父である岸信介元首相など）が描いた国家社会主義の実践であり、高度経済成長時代からバブルまで昇りつめて、一億総中流の意識を国民が持つという大成功を収めました。

大成功すればするほど成功体験が強すぎて、環境の変化に対応できなくなるのがつねなので、いまの日本の社会はある意味で当然の成り行きでしょう。

ゴルバチョフが言っていたように、日本は世界で唯一社会主義に成功した（自由主義の皮を被《かぶ》った）国です。立派です。

その過程で、前述したように「横を向いても皆同じ」というライフ・ステージの強い標準化が行われたわけです。

これは言うなれば国民の標準化政策です。「個人ではなく、集団の平均値で勝負する」という政策です。もちろん国家にとっては好都合でしょう。しかし個人にとっては思考停止を意味し、個々の競争力という観点では、非常につらいものがあります。その代償を払っているのが、現在です。

この国民の標準化によって多くの日本人は、「ふつうという名の正解」を求めて生きるようになったのではないでしょうか。つまり、「ふつうという名の正解」を求めて、みんなで平均化していくことになります。確かに最近は、この「ふつう」という正解の圧力は弱まってきているとは思いますが、若者が「個性的」を誉め言葉と受け取らない現状を見るに、消極的な選択としての「ふつう」という選択は依然として健在とも言えるのではないかと思います。

「正解という名のふつう」を追い求めることで周りの目を気にすることとなり、本来、自分がしたいことを貫けなくなるというメカニズムではないでしょうか。要は、社会も個人も、平均から外れることをマイナスに捉えるようになってしまっています。

当然、この標準化の中では、個人の「持続的変容性」という心性は埋没します。これに追い打ちをかけるのが、一億総中流が生み出した過度の平等意識でしょう。言い換えると「等しからざるを憂う」ため「皆同じで変わるべからず」という空気が浸透しているのです。そのような社会では、個人の「持続的変容性」は歓迎されないでしょう。

日本人の本来の心性である「持続的変容性」は金庫に格納され、鍵をかけられて、意識の底に沈んでいるかのようです。

これが「持続的変容性」という日本人の本来の心性の置かれた現状です。

これを解放するのは、「言うは易く行うは難し」です。まずは金庫を開けなければなりませんが、金庫に鍵をかけているのは何でしょうか。

それは、「安心」という意識でしょう。

「安心」とは「安全」とは

思うに日本人は「安心」という言葉がとても好きです。

実際、「安心」という言葉は、日常に氾濫しています。そして、「安心」と「安全」は併記されることが珍しくありません。

「お客さまに100％安全で安心してご利用いただける高速道路の実現を目指します」という表現が典型ですが、「100％安全」が「安心」という関係のようです。

読者の中にはご存じの方もいると思いますが、「100％安全」は原理的にありえません。そのありえない「100％安全」を信じて「安心」する日本人にとって、「安心」はもはや信仰（合理性は希薄）に近いのではないかと私には思えます。

この「安心」について語るには、対《つい》にある「安全」と絡めてお話を展開する必要があります。「安全」と「安心」が併記されていますが、そもそも「安心」とは、「安全」とはなんでしょうか。

「安全」と「安心」を変化させてみましょう。

「安全性」「安心感」とはいいますが、それを逆転させた「安全感」「安心性」という言葉はありません。いったいなぜでしょうか。「性」と「感」ですから、言葉の成り立ちは、かなり違います。そもそも、「安全」と「安心」は併記可能なのでしょうか。

ここで、「安全」と「安心」の定義を「リスク」をキーワードにして考えてみたいと思います。

この「リスク」ですが、われわれが生きているかぎり「リスク」が存在しない環境はありません。交通事故を避けて、家に引きこもっていても、空から何か落ちてくるかもしれませんし、健康を害してしまうかもしれませんよね。

まず「安全である」とは、「リスク」をコントロールできる対象として取り上げ、そのリスクを最小化し、客観的に「リスク」（未実現の不利益です）と「リスク」を取った時に享受できる「ベネフィット（受益）」の軽重を判断し、そのレベルの「リスク」であれば、享受できるベネフィットのために受け入れる（「リスク・テイク」）ということを意味します。

簡単な例は、墜落する可能性はゼロではない飛行機に乗る（リスク）判断をして、海外旅行（ベネフィット）に行くことでしょう。

一方、「安心」は「リスク」を対象化することなく（コントロールする意志はない）、主観的に（目の前に）「リスク」がないと判断する（感じる）ことができる状態を求めることです。つまり、基本的には「リスク」を取るのではなく、「リスク」を回避することを意味します。日本人は、この「リスク回避」の傾向がとても強いといえます。

元陸上選手の為末大《ためすえだい》さんが言っている「なにかあったらどうするんだ症候群」ともいえます。「リスクを取って、もしなにかあったらどうするんだ」という意識が社会に蔓《まん》延《えん》しています。

ゆえに、リスクにつながる「安全性に100%はない」を毛嫌いします。

たとえば、2011年の東日本大震災の津波で電源設備などが水没し、結果1〜3号機がメルトダウンした福島第一原発の話ですが、東京電力は、津波の最大の高さを、5.7メートルと想定していました。

安全性を極限まで高める（100%にはなりませんが、理論的には99.99999 9%にはなります）と、「安心」には近づきます。

しかしそのためには膨大なコストがかかります。つまり、最終的にリスクを取る判断をする「安全」にはコストの認識がありますが、リスクを回避できると思う「安心」にはコストの認識はありませんね。お気軽ともいえます。コスト≒資源制限の意識が希薄なので、社会保障制度の給付と財源問題などのように、国民は、安心できる制度が第一と言って、優先順位をつける議論ができないのです。

東京電力の場合、彼らは「安全性（リスク）」の観点で考えるので、防波堤などの防水設備をつくるにあたってその建設コストとどの程度の大きさの津波が来るかの蓋然性《がいぜんせい》を計算して、防波堤は5．7メートルまでの津波に耐えるものと想定したわけです。

実際、2008年に社内で、最大10．2メートルの津波が来て、押し寄せる水の高さ（遡上高《そじょうこう》）が15．7メートルになる可能性があるという試算がなされていますが、その水位に対する対策工事を実施するのは現実的ではないとして退けられています。

しかし、この5．7メートルを超える津波が来ない保証はない、つまり、100％安全はないので、最悪を想定する必要があるのです。

このケースでは東京電力は津波の大きさの想定を誤ったわけですが、当時の経営陣の対応を見るに、最悪を想定していたようには思えません。

そもそも、地震がなくとも、原子力発電所そのものが100％安全ではないわけです。

しかし、100％安全ではないので最悪を想定すると、原子力発電の監督官庁である経産省の幹部曰《いわ》く、「当事者が最悪の事態を想定すること自体を背徳的と見なされる。そんな可能性まで頭に描いているのかと逆に糾弾されてしまう」（2011年5月9日日本経済新聞朝刊）といいます。

簡単に言えば、リスク・ゼロの「安心」が何より大事で「リスクを見ない（忌避する）」日本人は、「リスク」を見せられると、「リスクなど見たくない」「そんな嫌なことを考えさせるな」「不愉快だ」と怒るわけです。それで「リスク」が解決するわけではまったくないにもかかわらずです。

つまり「根拠のない最善を期待し、可能性としての最悪を想定しないのが〝安心〟につながる」というのが日本社会なのです。

安心信仰と自粛警察のメカニズム

この「安心感」のリスク回避は、神社のお祓いの「災いはどこかに行け」に近いと思ってください。つまり、「リスク」は目の前にないだけで、なくなる（解消する）わけではないので、「リスク」は他人に任せて自分は「ノーリスク」と思っていられる状態といえます。

まさに、安心信仰ではないでしょうか。

これはまさにコロナ禍の時に起こった、都会、とくに東京から来た人や車を目の前から排除しようとした自粛警察です。

「安全性」という点では疑わしく非合理的ですが、目の前にいなければ大丈夫という「安心感」を得たいので、当人としては合理的な行動なわけです。新型コロナが5類になり1年経っても、感染者数があまり話題にならなくなったとはいえ一定数の人がマスクを外していないのも、マスクをしていれば「安心感」を得られるからでしょう。

卑近な話になりますが、私は午前に総武線をよく使います。実際のところ、同じ車両に乗り合わせたお客さんたちの半数には届きませんが、年齢に関係なく相当数の人が、マスクをまだつけています。皆が花粉症とも思えません。

そもそも新型コロナが5類になる以前から、飲み屋では誰もマスクをしないで大声で談笑してましたよね。そして、トイレに立つ時やお勘定をして店の外に出るとみんなでおもむろにマスクを着用する光景は滑稽ですが、ふつうでしたよね。

「安全性」を気にするなら、飲み屋でこそマスクをすべきでしょう。

もし「安全性」の観点で、飲みながらの談笑（リスク・テイク）のために飲み屋でマスクをしないのであれば、飲み屋を出た時点（リスクはより低い）で、マスクはしないです。

これを見るに、日本人の尊ぶ「安心」というのはまさに「安心感」のことで、「リスク」の意識が希薄で当人の気分次第ということです。ボトムラインはお守り同様に、マスクを持っているから「安心だ」ということなのかと思います。

このように「安全」は客観的で「リスク・テイク」するということです。一方、「安心」は主観的で「リスク」を回避するということです。

ですので「安全」と「安心」という2つの語は、水と油のようにまったく交わらない正反対の概念なのです。

しかし、政府やお役所からメディアまでがなんの違和感を覚えることなく、「安全」と「安心」を併記します。そして大多数の日本人はこの2つを併記することの矛盾に気をとめません。日本人は、「100%安全」と平気で言えるので、「安全」とは何かを理解していないと思います。

またそれは、日本人が言葉の定義にいかに鈍感かを象徴する例といえます。

実際、日本語を大事にするなどと言いながらカタカナ語を多用します（言葉の意味を理解しているかは、はなはだ疑問です）し、本来は孤独（これを好む人もいる）死ではなく孤立（社会から分断されているので、これを好む人はおそらくいない）死というべきですし、Ｙａｈｏｏ！の知恵袋は、知恵ではなく知識です。

このように「安全性」ではなく、「安心感」を極度に重要視するのはなぜでしょう。

おそらくそれは、日本人が「リスク」と危険を混同しているからではないでしょうか。

そもそも「リスク（risk）」と「危険（danger）」は異なる概念です。しかし、日本語のリスク（カタカナでしか書けないということは、日本語にはリスクにあたる概念はないということです）は、カタカナなので、それを聞いて日本人がどれほど英語の意味を理解しているかは、はなはだ疑問です。

「リスク」は「危険」にあらず

そもそも「リスク」と「危険」は違うのですが、日本では「リスク（risk）」も「デンジャー（danger）」も「危険」と訳しますよね。

この「リスク」と「危険」の混同が、大きな問題です。

「危険」は好ましい結果をもたらさないので、自ら「危険」を受け入れたり、あえて冒そうとする人はいませんから、「危険」に対する基本的な姿勢は回避になりますよね。

一方、「リスク」は起こりうる好ましくない結果であり、もちろん回避もできますが、あえてコントロールをして許容できるといえます。

全体としてより好ましい結果（reward/benefit/merit）をもたらすように、一定程度の好ましくない出来事が起こる可能性を受け入れたり、そうしたことが起こる可能性をコントロールできるとします。

卑近な例ではアルコール摂取でしょう。

最近は、医学的にはアルコール摂取は量にかかわらず体に悪いことになっていますが、アルコール摂取によるリラックスやストレス解消は精神的なベネフィットであるので、一回に飲む量を制限して「リスク」をコントロールしますよね。

また、移動手段としての車を購入する時に、故障の少ない車種や事故にあっても大丈夫そうな大型車を購入したり、旅行の際に少し高くても信頼のおける飛行機会社を選んだりすることもそうでしょう。

しかし、「危険」には、それを許容しても好ましい結果（reward/benefit/merit）はついてこないということです。そうであれば、回避して当然となりますよね。

ここで「リスク」とはどのような要素を含むのかを考えてみます。

そもそも「リスク」とは、「過去の経験・知識を前提に、未来に起こるであろう自身が被《こうむ》る不確実な不利益・損害。しかしそれは、コントロール可能であり、自己判断できるもの」と定義できます。

前述したように日本語では「リスク」の概念は希薄（そもそもない）なので、「リスク」と聞くと「危険」と思い、回避するという思考の流れになるのが多くの日本人ではないでしょうか。

これまで「リスク回避」という表現を使ってきましたが、日本人の「リスク回避」は、「危険」と「リスク」の混同からきている（「リスク」という単語を聞くと、本来の「リスク」ではなく、「危険」を想起する）ので、正確には、「危険回避」という言い方が正確かもしれません。

「リスク」を「危険」と思えば、「リスク回避」は、当たり前かもしれません。

そもそも日常生活では、前述したように日本人でも無意識に「リスク・テイク」をしています。問題は、頭の中では「リスク」と「危険」を混同するので、「リスク」と聞くと回避する、「危険」と同様に「リスク」はないに越したことはない、となってしまうことです。

この「リスク」と「危険」の概念的未整理（混同）が、「リスクを嫌う」、正確には「リスクを見ない・見たくない」という日本人の思考の背後にある気がします。

つまり、日本人の思考では、「リスク」はどこにでもあることを認めるより、「リスク」は「危険」同様にないに越したことはないと考えるので、結果として日本人は本来の意味での「リスク」という概念が希薄なのでしょう。

ゆえに、グローバル環境においては当たり前の「リスク・テイク」の意識を日本という社会で論じるには、「リスク」と「危険」の概念的未整理（混同）をまずは整理するところから始めるべきでしょう。

たとえば新型コロナのワクチン接種が、わかりやすい例です。

初めの1～2回は未知のウイルスへの恐怖心もあり、ほとんどの人が政府や周りに従ったのかもしれません。ですが、ワクチンの接種回数が増えると、回を追うごとに情報も増え、恐怖心も弱まってきたので、ワクチンの副作用という「リスク」とワクチンの効用のバランスを意識することになったように見受けられます。

つまり日本人にとってワクチン接種という体験は、個人個人が「危険」ではなく、「リスク」を意識する良い機会になったと感じます。

安心感のための「リスク回避」が意味すること

さて、「リスク回避」の「安心」を追求するとどうなるのでしょうか。

「判断をしない」「選択をしない」「(『リスク』排除以外の)行動はしない」で、「変化しない」のが最善ということになります。

加えて、日本(教育と社会)でいう賢さとは、どれだけ「リスク」を回避できるかという点に重きを置いているので、「リスク・テイク」の自覚は弱くなるといえます。

「リスクと危険の混同」と「『リスク』を目の前から排除すれば大丈夫」という強い安心信仰が、日本人の「リスク」回避の姿勢を強化しているように思えてなりません。

これが結果として、不安に弱く(変化忌避)、不満に強い(現状を変えなければ「リスク」はないと思う現状是認)、つまり、最悪を想定したくないので現実を直視しない姿勢につながっているのでしょう。

「いまがそこそこ幸せなら、無理に変えなくてもいまのままでいいじゃん」「ぬるゲー(楽で簡単なゲーム)を楽しむように、今をすごせばいいじゃん」と、みんなで思う状態になっているのです。

この「安心信仰」と、その背後にある「リスクと危険の混同」が、「持続的変容性」という日本人の本来の心性をとじこめている金庫の鍵なのではないでしょうか。

この鍵をどうするかを真剣に考えないと「日本人3.0」には脱皮できないと思います。

前述しましたが、安全ベースの「リスク・テイク」は日本人の誰もが日常的に行っている行為（状況認識・判断・行動）ですが、それに気がついていないということです。

もし、「安心」への妄信を捨てる、つまり、「安心」と「安全」の違いを理解することができれば、すぐに前向きな「リスク・テイク」を行うようにはならないにしても、「持続的変容性」という日本人のマインドが目を覚ますのではないでしょうか。

そのためには、まず「リスクと危険の混同」の解消（概念整理と違いの理解）が必要になります。それが「『最新』の日本人（日本人3.0）」になるための第一歩です。

それによって「持続的変容性」という日本人のマインドが目を覚ますと、個人個人が環境変化を観察し、リスクを見極めて自己判断をして能動的に行動するようになるはずです。そして、自分の人生を自分でコントロールできるようになるでしょう。

第6章 「日本人3.0」の必須知識——判断と選択

考えを「安心」から「安全」にシフトする

前章の最後で、「『安心』と『安全』の違いを理解することができれば、すぐに前向きな『リスク・テイク』を行うようにはならないにしても、『持続的変容性』という日本人のマインドが目を覚ますのではないか」と言いました。ここで、もう一度、「安心」への妄信が、何をもたらすかを整理します。

いまの大多数の日本人にとって「安心」とは信仰に近いものでしょう。信仰ですから、自分で判断せずに他者の流れに従うのが「安心」となります。その判断が「安全」であるかは、誰も考えません。

いまのご時世では差別的であると批判を受けるかもしれませんが、有名な「沈没船のジョーク」(「タイタニックジョーク」とも)は、一面の真理をあらわしているかもしれません。そのジョークとは、次のような問答です。

「世界各国の人々が乗った豪華客船が沈没しかかっています。しかし、乗客の数に比べて、脱出ボートの数は足りません。したがって、その船の船長は、乗客を海に飛び込ませようとしますが……。さて、船長が各国の人を飛び込ませるために放った言葉とは何でしょう？」

アメリカ人に対して＝「飛び込めばヒーローになれますよ」
ロシア人に対して　＝「海にウォッカのビンが流れていますよ」
イタリア人に対して＝「海で美女が泳いでいますよ」
フランス人に対して＝「けっして海には飛び込まないでください」
イギリス人に対して＝「紳士はこういう時に海に飛び込むものです」
ドイツ人に対して　＝「規則ですので海に飛び込んでください」
中国人に対して　　＝「おいしい食材（魚）が泳いでいますよ」
日本人に対して　　＝「皆さんはもう飛び込みましたよ‼」

あなたはこれを読んでどう思いますか。「ついうなずいてしまった」という人も多いのではないでしょうか。

日本人は、「安心」でないと、危機感ではなく不安感が先に立ち、動けなくなります。つまり思考停止と判断放棄です。判断をしないことはすなわち選択をしないことになりますよね。「難しいです」といって、エネルギー政策でも原発を今後どうするかの自己選択はしないです。移民問題もしかりです。

加えて日本特有の「場」（空気）の存在があるので「日本は斉一性《せいいつせい》の原理が非常に強い社会だ」と自覚すべきでしょう。斉一性原理とは、ある集団が集団の内部において異論や反論などの存在を許容せず、ある特定の方向に進んでいくことをいいます。つまり「全員一致」へのプレッシャーで自己判断を抑制してしまう状態です。

全員一致は全員の責任になりますが、現実は政治家を筆頭に誰も責任を取らない無責任社会であるのは読者もよくご存じかと思います。

そして、あらゆることにコストはつきものですが、「リスク・テイク」（コストとベネフィットの観点）の意識が希薄で自己判断しない・必要としない日本人は、コスト意識が非常に薄いです。ゆえに、赤字国債は際限なく積み上げられるわけです。

「安心」から「安全」へのマインドシフトはつまるところ、自己判断と自己選択につながります。また自由に自己判断を行うのは認知負荷がかかり（脳が嫌がる）、簡単ではないので、決意と努力が必要です。とくに自己判断をしていない・必要としない日本人にとっては、かなりの決意と努力をする覚悟が求められます。

「安心教」の棄教《ききょう》と自己判断

ゆえに、日本社会が変われない（環境変化に適応できない）という問題は、かぎりなく国民の意識と行動様式の問題で、政治家を変えて政府が号令をかければ変わるというものではありません。

ですから日本社会を変えたい、少なくとも自分を「日本人3．0」に変えたいなら、本書の読者のうち一人でも多くの人が安心教を棄教しなければならないでしょう。

まずは、前章でも述べましたが、「リスク」と「危険」の混同を解消（概念整理と違いの理解）する努力をすることです。おのずと、リスクを自覚して自己判断し、選択できるようになるでしょう。そうすれば「持続的変容性」という日本人の基底にあるマインドが目覚めるかもしれません。

周りを見まわす「キョロちゃん」で自己判断を避ける傾向にある日本人ですが、今回のコロナ禍の鎮静化に向かってのマスク着用・不着用に関しては、政府が原則をなくしたので、日本人にとっては珍しい自己判断の機会だったのではないでしょうか。

この「マスクをする・しない」を判断するという機会が、「リスク」を考慮しての自己の判断と選択だという認識につながれば、「リスク」について考える経験になったと思います。

そして「安心」から「安全」への意識転換に、一歩踏み出せるのではないでしょうか。マスコミの煽る「マスクしない派」と「マスクする派」という単純な二項対立は、再び「皆さんはどっち派ですか」という思考・判断停止になるので、状況に応じた個人の判断と選択には悪影響でしかありません。メディアの報道や記事は真に受けないほうがよいでしょう。

この「マスクをつける・つけない問題」、前出の「ワクチン接種をする・しない問題」は、自己判断を停止している日本人にとって非常に良い体験でした。この体験を気づきのある経験にできるかどうかが、「日本人3．0」に近づけるかどうかの境目かもしれません。

政府依存症社会は安泰なのか

戦後一貫して多くの国民は「ごく当たり前の暮らし」を切望してきました。険しい山も危険な谷もない、もちろんチャレンジも強いられない「いつも通りのふつう」が続くことを望んだわけです。

一方日本の政府は、「国民に安心と社会的つながりを与えたら、引き換えに不自由さは喜んで我慢してくれるだろう」と考え、それを国民に刷り込み、国民が政府に強く依存する戦後の日本社会を構築してきました。結果、政府依存症社会が完成したわけです。

しかし、バブル崩壊後の無策による失われた30年を経て、グローバル化と多様化とテクノロジー革新という環境の激変に適応できず、国力の低下する日本社会が行き着いたのが、「日本人2．0」（自分のこころのエネルギーが外に向かわず、自分の内側にとどまってしまうナルシシズム状態）でしょう。

そもそもこの状態は読者の皆さんの望むところでしょうか。

多様化とグローバル化とテクノロジー革新が進む中で、このような政府についていけば「リスク」は低いのでしょうか。読者の皆さんは、自分（個人）ではなく、政府主導で社会から変えるほうが楽なのでは、という「何でもみんなで（全員の責任は、事実上は誰も責任を取らない無責任と同じ）」という日本人的発想で、政府に期待するのでしょうか。筆者としては、このような状況で依然として積極的に政府に頼るのは将来のある個人としては「リスク」が高い、いや「危険」なのではないかと思います。

第1章で述べましたが、国は国家をまとめる（国の存在に意味を持たせる）ための物語が必要です。しかし、多様化とグローバル化とテクノロジー革新が進むと国民国家という国家は、国民の意識を収斂させる物語を書くのが難しくなり、無理に書くと社会は分断され、国家のパワー（実質的支配力と権威）は減衰します。

いまのアメリカ、中国、ロシアを見ればおわかりでしょうが、政治家が国力や国家の権威を誇示しようとすればするほど国力と国家の権威が低下してきているのは明白です。

それが多様化とグローバル化であり、「国家に都合の良い多様化とグローバル化はない」といえます。そもそも、国家が無理に物語を書いても書かなくても、多様化とグローバル化が進めば社会は必然的に分節化に向かうでしょう。「国家のもとに社会はひとつにまとまるべき」という観点からは、結果は好ましくないといえるでしょう。

２０２４年３月の政治資金問題があっても、安倍派の自民党離党もあまりないようなので、日本では実質的に自民党一党、政治的分断はないですが、グローバル化とテクノロジーの発展により世代間の価値観の乖離は急速に拡大しており、「国民のインタレストは収斂しない」という不安定さを内包する社会になっています。もっとも日本維新の会は、その主張がトランプ現象と重なるところがあるので「維新の会が全国化するかどうか」は注視する必要はあります。

いずれにせよ、政府依存症社会が存立の岐路に立っているのは間違いありません。

ご都合主義の政府についていくとはしごを外される？

実際、政府もバカではないので、政府依存症社会の維持が難しいことは十分に自覚していると思います。

社会保障を見ればわかりますが、超少子超高齢化で政府は万策尽きている状態です。実際、高齢者世帯の収入に注目すると、44．0％の世帯が所得のすべてが公的年金・恩給です。「所得の80～100％」と合わせると公的年金・恩給頼みが6割を超えます。

このような高齢者の公的年金頼みの現状と、後期高齢者人口が増え続けて2050年代には4人に1人が75歳以上になるという現実を知って、読者は果たして政府依存症のままで大丈夫と思えるでしょうか。

ゆえに、政府は年金に関しては、税制上の優遇を餌にiDeCo《イデコ》（個人型確定拠出年金）やNISA《ニーサ》（少額投資非課税制度）などを強く推奨していますが、これを見ればわかるように、基本は公的年金ではなく自己判断による「リスク・テイク」の自己年金を拡大させる方向に向かっています。今後、この方向は強まるのではないでしょうか。

これは、現役世代にとっては年金受給者を支える賦課制度の年金（自分たち現役世代の年金受給額は不確か）を払いつつ、かつ社会保険料は増額され、自分の将来の個人積み立て（確定給付ではなく、確定拠出なので「リスク・テイク」）を行うことになります。事実上の二重負担なのですから、現役世代はもっと政府に怒ってよいのではないかと思います。

当然、現役世代は実質の可処分所得が減って貧しくなるわけです。

つまり、政府（政治家と官僚）が大言壮語し、家父長的に何でも任せなさいと大盤振る舞いをして、与えるだけ与えて責任を負わず、国民は権利と称して求めるだけ求めて、義務をできるかぎり回避して果たさないという、政府依存症社会が機能不全を起こしていることが露呈し、政府は急速に国民の自己責任に舵を切ってきているように見えます。

また、コロナ禍後の政府対応で露呈した、自己判断放棄の政府依存症社会の限界があります。

２０２３年の5月からの新型コロナの2類相当から5類への変更に先立って、3月からは、「マスクをするのも、しないのもリスクを取って自己責任でやってください」と、いままでの、「みんなで一緒に」のキョロちゃんアプローチ（これは行動経済学でのナッジでしょう）から、方針転換というか、政治的にみんなでつけろとも、みんなで外せともいえないので、政府が家父長としての責任を放棄した感があります。これは結果として、政府が個人の「リスク・テイク」を求めるメッセージを発していることになります。

政府が政府依存症社会の限界を認識しているのであれば、個人としてはなるべく早く政府依存症を克服しないとまずいのではないでしょうか。

「当たり前」に疑問符がつくとどうなるか

一度でも政府が国民の依存心を強化する家父長としての責任を放棄すると、いくら政府が望んでも元には戻らず、国民の中で自己判断をする方向に向かう人が増えるのではないでしょうか。つまり、これまでの日本社会は既存のシステムを維持するためにシステムの基幹（自己判断を回避すること）は変えずに、運用（緩い制度解釈）で環境適応しようとしてきましたが、それが難しくなりつつあることが明確になるのではないでしょうか。そのくらいの大きな変化が起きているのではないかと思います。

問題は、日本の自己判断回避の政府依存症社会を、自己判断の社会に転換できるかという点です。

自民党の保守派に見られる「日本人は優秀だから、やる気になれば全員で何でもできる」という言説もありますが、それは本当でしょうか？

日本社会の緻密すぎ、かつ過剰に適応したシステム（全体最適ではなく、個別最適の塊としての最適化なので、環境変化適応はとても難しい）ができあがってしまっているので、はたしてそのシステムを自分で壊せるのでしょうか。それも、このシステムに慣れ親しんでメリットを受けている高齢者が多く、今後も増加するという現実の中で、です。

正直なところかなり難しいのではないでしょうか。つまり社会システムが変わるのを待つのは得策ではないということです。

そもそも、全員で多様化を叫ぶ（一億総云々《うんぬん》という最後の物語）ことは、論理的に矛盾しているということが根本的にわからないドングリ・スイミー社会（集団特性はあるが、個の特性はない）の中で、それを自覚しない個人が、多様化しグローバル化する世界を泳いでいけるのでしょうか？

この「総一億」の発想の転換は政府には期待できないので、やはり問題は個人のレベルになります。

国家の作る「一億総何々」という物語に接した際に「自分もその中にいるから大丈夫」と捉えるのはやめて、早く目覚めたほうがよいでしょう。「一億総何々」という考え方は「底上げ」と「平均値」という両輪からなる集団的発想で、個人の能力を伸ばすことや個人の幸せなどは、決して重要視されていないからです。

これが「日本人3．0」に脱皮する第一歩です。

「リスク・テイク」の前に個人として必要なこと

個人として必要なのは、まずは基本的な現状認識です。現状認識を間違えると判断も間違えるからです。

まず重要になるのは日本の置かれた経済状況です。それは長期安定の第二次安倍政権の意味することです。選挙で圧勝し国会両院を支配し、自民党内も掌握し、官僚の人事権を握って霞が関を支配下に置くなど、絶対的パワーを有した安倍長期安定政権をしても、できたことは日本経済を成長軌道に戻すことではなく（成長を推進するエンジンは見つからなかった）、降下するのを必死に防いだこと（異次元金融緩和で風を起こして下降するのを回避した）です。

要は、日本という国家は推進エンジンを失ったグライダー状態であり、操縦を間違えなければ墜落はしない、向かい風が吹けば一時は上昇するが、長期的には滑空しながら高度は下がる状況だということです。

今回の円安によっておこった輸入インフレによる名目ＧＤＰの成長と、企業業績の好調により日経平均株価がバブル超えをしていることから、日本経済の成長軌道への回帰という意見を耳にしますが、日本企業自体の競争力が高まったわけではなく、日本経済の置かれた基本的な構造に変わりはないと思います。

企業にとって、円安で膨らんだ海外からの利益は大きいですが、海外での競争力を維持するためにさらに海外で再投資をしなければならないので、キャッシュフローとしては、日本にはそれほどは還流していないはずです。個人に関しては、ご存じのように、給与は上がっても、実質賃金はマイナスです。

つまり、第二次安倍政権のような圧倒的に強力な長期政権下でも成長軌道に戻せなかったという事実は、日本経済全体を成長路線に戻すことは現実的ではないということを意味しているといえます。

これを基礎認識とすることが「日本人3．0」にチャレンジする出発点です。

現在の円安は、行きすぎて銀行や住宅ローンを考えるともはややめるにやめられない異次元金融緩和の結果です。総裁が黒田氏から植田氏に交代しても、基本は大きくは変わっていないと思います。植田総裁が、持続的な賃上げが金融緩和政策転換の条件だと言っているあたり、政策転換としての金融緩和政策の出口はまだ見えていないのではないでしょうか。確かに、この3月に11年続いた異次元金融緩和政策に終止符を打ちましたが、その実効性を問われて、逆に円安が進行するという事態を招いています。

円安による輸入インフレが、2％を超える状況が定着すると金利をさらに見直さざるをえないという、「強制出口」というシナリオもあるかもしれません。しかし、実質賃金がマイナスである状況で、金利を上げる決定は、企業の投資マインドにはマイナスに働き、賃上げにもマイナスに働くので痛しかゆしではないかと思います。住宅ローンの金利も大きな問題になるかと思います。

しかし、政治家はその職業柄、成長軌道への回帰願望を捨てることはできないので、キャッチフレーズを変えて、成長軌道への回帰を終わることなく唱えます。それを信じるよりは意識してそれとは距離を置いたほうがいいのではないでしょうか。

多様化とグローバル化とテクノロジー革新が進んで、これまで強かった社会規範（行動を制限し誘導する）が急速に弱まってきているのは事実かと思います。社会の恒常性の喪失は人間を不安にするので、この多様化とグローバル化とテクノロジー革新という流れに抗するという選択もあるかもしれませんが、それは日本の下降を早めるだけではないでしょうか。

日本社会を見るに、この変化に適応するのは意識的で能動的な「リスク・テイク」ではなく、いやおうなしの仕方のない・受動的な適応かと思います。

それが今後、前向きな「リスク・テイク」の社会になるかは、様子を見ないとわかりませんが、若い世代の中には順応して主体的な「リスク・テイク」に向かう人もそれなりにいるのではないかと思います。しかし、あなたには、このことを先に認識して、自ら「リスク・テイク」のマインドを持ってほしいと思います。

もうひとつの現状認識は、現在進行しているグローバルな観点での国際政治経済の流れです。現在進行している大きな流れは国家と企業と個人の間で、パワーが国家から企業と個人にシフトしてきています。

このことは企業と個人が国家に対して強くなる（自由度が高くなる）一方で、企業と個人の自己判断（「リスク・テイク」）が重要になるということです。最近の書籍などのアナーキー（政府否定）ブームは、このパワーシフトが背景にあるのかもしれません。

つまり、パワーの低下する「変わりたくない、変えてはいけないと変化に抗う国家」と、パワーを増す「生き残るためには急速に変わらざるをえないことを理解し、変身を始める合理的な企業」のどちらと組むべきか。それを、個人として考えるべきです。

国家の威信と産業政策は万能なのか

成長は個別の企業の問題で、延《ひ》いては個人の選択の問題で、国家にとっては都合が悪いことですが国の問題ではなくなりつつあります。

政府の肝いりによる国策企業JDI（ジャパン・ディスプレイ）が失敗し、有機ELで液晶世界大手の中国企業HKCと提携に至ったことがあります（現在は提携解除）。政府は技術の国外流出にこだわっていたはずなのに、迷走だったといえるでしょう。

経産省主導の産業政策は最近はあまり機能していませんでしたが、国家は「経済安全保障」といって産業政策の復活を目論んだわけです。

しかし、日産と東芝に手を出した挙句に壊してしまった経産省を見るに、はたして国家主導で国家の成長が可能なのかは疑問です。

むしろ最近は、多額の補助金を使ってまで、海外の企業も含めて、企業を呼び込む国家の産業支援が目につきます。もはや国家のメンツが優先されているといえるでしょう。

最近話題になった熊本へのTSMC（台湾にある世界最大の半導体受託製造企業）の招

致がわかりやすい例です。

これはソニーには利するので、理解できなくはありません。しかし、次世代半導体の量産（設計から生産まで）を目指すラピダスが巨費を投じて北海道に拠点をつくるという話は、口だけであまり現実的ではないです。

それは、出資企業８社の顔ぶれからも察することができます。トヨタ自動車、デンソー、ソニーグループ、ＮＴＴ、ＮＥＣ、ソフトバンク、キオクシア、三菱ＵＦＪ銀行。まさに政府に言われてのおつきあいといった様相で、先端の半導体とはあまり関係ありません。また、「ＴＳＭＣが九州なので、ラピダスは産業集積のない北海道」という、いかにも政治的なバランスです。

このような「政権による〝やってる感〟の演出」「国家のメンツ」を逆手に取る〝猛者〟もいます。政府系ファンドの産業革新投資機構（ＪＩＣ）が半導体材料大手のＪＳＲを約９０００億円で買収したと報じられました。ＪＳＲの出自は国策企業の日本合成ゴムです。現在のＪＳＲは業績も順調（２０２３年度前期は半導体市場の逆風で業績は悪化したが、第三四半期は持ち直している）で、国家による救済の必要もありません。この国有化の話は、いまの企業規模では今後のグローバル競争には勝てないので、国有化を通して資本力を増強し、業界再編も含めて自社を一気に成長させようとするＪＳＲサイドが持ちかけた話です。

ＪＳＲは、半導体製造に欠かせないフォトレジスト（感光材）分野で世界シェアの約3割を持つので、政府の掲げる経済安全保障と絡む半導体戦略にも合致するため、経産省もメンツがたってまんざらではないわけです。しょせんは税金ですからね。

ＪＳＲの描くシナリオは、成長の暁《あかつき》には再上場をすることです。まさに政府という他人の褌《ふんどし》で相撲を取るわけです。

この話の落ちは、今回の国有化を強力に推進したのは、現在のジョンソンＣＥＯだということです。これはもはや、産業政策でも何でもありません。

しかし頭の古い政治家は、まだ国威発揚《こくいはつよう》が機能すると思っているようです。しかし、国家の威信といってコロナ禍に強硬開催した東京オリンピック、現在大問題になっている大阪万博、そして、隣国韓国で政府の肝いりで行って惨憺《さんたん》たる評判であったボーイ・ガールスカウトの「第25回世界スカウトジャンボリー」など、もはや国家の考える国威発揚政策は機能せず、単なる税金の無駄使いではないでしょうか。

個人ではなく、まず社会から変えるべきというのは（望みの薄い）正論かもしれませんが、変化の程度と速度が高まる時代の中、悠長なことを言っている時間的余裕はないので、日本という国家の現状を認識したうえで、やはり自分が変わるほうが得策ではないでしょうか。

そもそも、個人の選択と社会の設計は別のものです。経済学者が言うように、個人の選択の結果が、社会全体にとって良い結果をもたらす保証はありません。俗に言う「合成の誤謬《ごびゅう》」です。

しかし、社会を設計しても個人の幸せは保証されませんよね。そして、社会制度を設計しても、思惑通りに破綻なく社会システムとして機能する保証はありません。

本書の意義は、いまの日本では社会設計を云々しても読者の役には立たないですし、世界人材ランキングで日本は43位に後退しているのが現実なので、読者を個人の選択にフォーカスさせることにあります。最終的には、変化しない日本社会に個人で「波風」を立てることを意図しています。

ヤマメにとどまるか、サクラマスになるか

比喩的になりますが、ここまでお話ししてきた状況をもとに、「日本人3．0」になるとは、ヤマメではなくサクラマスになると選択することといえます。

住み慣れた、しかし、自分には狭くなる小さな川の生息地（短期的リスクは低いが成長機会は少なく、長期的なリスクは高い）にとどまるヤマメのようになるか、海に降りて（短期的リスクは高いが成長機会は多い）、大きく成長するサクラマスのようになるかの二択の判断が求められるということです。

ヤマメとサクラマスは同じ魚です。川に残れば安全ですが、餌は豊富ではないので大きくはなれません。一方、海に降りると「リスク」もありますが餌も豊富なので、生き残れば大きくなります。同じ魚（標準和名はサクラマス）でありながら、なぜ降海型と河川残留型（陸封型）に分かれるのかは実はまだよくわかっていません。

人間がサクラマスと違うのは、サクラマスは捕食されてしまえば終わりですが、人間の場合は捕食されるわけではないので再度チャレンジすることが可能です。日本は失敗

を評価しない社会ですが、安倍元首相も、再チャレンジできる社会と言っていて、自分で率先して再チャレンジをしたわけですから。

どちらの「リスク」と将来の可能性を取るかを判断するかが、個人に問われているといえます。ヤマメのような選択が悪いと言っているわけではありません。

自分はヤマメで「ほどほどでよい」と強く思っても、それも「リスク」を取った選択だということです。

選択をしないことも選択であり、選択であるかぎり、「リスク」はついて回ります。「リスク・フリー」は、日本人の好む「安心」の中での幻想でしかありません。

極端な例ですが、大谷選手や鎌田選手や三笘《みとま》選手を見ればわかるように、個人の資質の開花は環境次第です。

そこまでいかなくとも、外国に留学などをして職をみつけて永住権を申請するといった、数年がかりの段階を踏む永住権保持者が増加しています。在留国で永住権を認められ、生活の拠点を日本から海外に移した「永住者」の数は20年連続で増加し、10年前と比べて約14万人超増、２０２２年には56万人近くに達しています。

とはいえ、このサクラマスの話はあくまで比喩なので、海外に行けばよいと言っているわけではありません。国内で「リスク」を取ってもサクラマスと同じことはできるのではないかと提唱しているのです。要は、日本人の個人の資質に問題があるのではなく、日本社会のシステムに大きな問題があるのです。

戦後の日本の社会システム（底上げと平均値という集団的発想で個人を重視しないドングリ・スイミー戦略）は、一億総中流意識を国民に持たせたという大成功を収めたがゆえに、世界のゲームの基本ルールが変わり、価値がハードからソフトへ、画一性から多様性へ、線形的・静的・収斂的から非線形的・動的・離散的などへとシフトするなかで、環境の変化に適応できないという、成功のパラドクスに直面しているといえるのではないでしょうか。

つまり、既存の日本社会システムの枠から自ら外れる覚悟が問われているのです。

まとめると、「日本人3．0」になるためには次の事柄が必要です。

- 自由に自己判断を行うための決意と〝努力〟
- 既存の日本社会システムの枠から、自ら外れること
- 「国内でリスクを取ってもサクラマスと同じことはできる」と認識すること

これらのやり方や具体例については、第8章でお話しします。

第7章　「リスク」を取るか、回避するか、それが問題だ

「自分の人生を自分でコントロール」したくない？

　ここまで読んでいただき、あなたは昨今話題のChatGPTなどの生成ＡＩに代表されるデジタル・テクノロジー革新や、多様化やグローバル化などで、今後の社会のVolatility（変動性）、Uncertainty（不確実性）、Complexity（複雑性）、Ambiguity（多義性）のいっそうの高まりが想定できたことでしょう。そのなかで「自分の人生を自分でコントロールできるような状態にしておくこと」、つまり少しでも「リスク」を取ることが望ましいとは思いませんか？

　それとも〝親ガチャ〟のせいとして、現状を合理化して是認しますか？　つまり「リスク」を取るのはやめますか？　正確には、リスクを取らないのもリスクであるし、そもそも不可能なので、「リスクを取らないと自分で思いこむ」ことです。

　少しでも「自分の人生を自分でコントロールできるような状態にしておく」ためには、リスクを取って選択の自由を広げる、つまり、より多くの選択肢を自らの手で確保する必要があります。

当然ですが、「リスク」を回避して（安心を取って）、選択の自由を狭めると、「自分の人生を自分でコントロールするような状態にしておく」ことは難しいといえます。そうすると、自分の運命を国の運命と共に今の社会にゆだねるしかなくなります。

しかし、すでに述べたように、その「国」自体は大丈夫でしょうか。これまでの章でも申し上げましたが、この変化の激しい時代にあって「リスク」を取らないのは、じつは最大の「リスク」ではないでしょうか。

まさに、それがいまの日本の状況です。

「自分の人生を自分でコントロールする」というマインド

少しでも「自分の人生を自分でコントロールするような状態にしておく」には、いまの日本を覆う「貧しきを憂えずして、等しからざるを憂う」という他力本願的な世論（庶民感情）とは、意識的に距離を置く必要があります。

等しくないからこそ現状打開を模索するなかで、「自分の人生を自分でコントロール」

できる術《すべ》が見えてくるのではないでしょうか。

そしてこの強い平等意識幻想からくる無痛改革願望（痛みは他人事で当事者意識は皆無）とも、距離を置いたほうがよいでしょう。

少しでも「自分の人生を自分でコントロールするような状態にしておく」には、当事者意識を強くもつことが必須です。それが「自分の人生を自分でコントロールする」というマインド・セットをするということです。

そして当たり前の話ですが、自分の人生は他人の人生と同じではないのですから、「人と同じだと安心するのは実はリスクである」と捉えるべきでしょう。

選択の自由の境界は日本に限定しないほうがよい

また選択の自由の境界は日本に限定しないことです。限定すると日本を超えて通用しなくなってしまいます。これは、日本のスタートアップがグローバル化できない要因ともつながります。

企業にしても、ユニクロを見ればわかるように、企業内部で従業員に対して「日本」という境界を取り払おうとしています。

昨今かまびすしいジョブ型雇用導入の話があるので、日本の働き方もグローバル化するのかなと思う読者の方もいるかもしれませんが、結果は日本的ジョブ型という日本限定版になると思います。

日本で議論されている「ジョブ型」は、「求められるスキルや経験などが明示されたポジションの仕事に値札がつく〝ポジションありき〟な欧米のジョブ型」ではなく、「現在の終身雇用と総合職の異動を前提とする人の評価に値札がつく〝人ありき〟のジョブ型」にしかならないでしょう。

これをジョブ型というかは、はなはだ疑問ですが、政府もジョブ型への転換を声高に叫んでいるので、一応ジョブ型としておきましょう。

細かく言うと、日本企業の現在の評価制度では職能給と職務給で給与を決めますが、軸足は人の評価である職能給（人は誰でも経験で成長するという理屈づけの年功序列が前提にあります）です。

実態は、年を取ってライフ・ステージが進むといろいろとお金がかかるので、それに合わせて金額を上げる生活給ということです。

もし、職務給に軸足を置くと、企業内でポジションが営業部長から総務部長に異動すると職務が違うので給与は変わるはずですが、変わらないのが実情です。また、もし職務給であるならば、大企業の間の総務部長の給与に大きな差はないはずです。

でも実際は、商社と小売りでは相当な差があります。

それは、職能給がベース、つまり、職務は代わっても人の価値は変わらないとするからです。この差をなくさないとスキル・ベースで企業間を労働者が職務で移動するという欧米のジョブ型にはなりません。

日本社会が欧米のジョブ型へ移行するには、企業内で職務によって給与差をつけ、同一職務の企業間の給与差を縮小することが求められます。それも年功序列を脇に置いてです。

あなたは、日本の企業と社会で、それが可能だと思いますか？

このジョブ型の話に興味のある方は『ジョブ型雇用社会とは何か』（濱口桂一郎著、

岩波新書）を読まれることをおすすめします。

また、同一労働（職務）・同一賃金は、いくら政府が叫んでも実現していません。欧米のジョブ型であるなら、値札のついたポジションは雇用形態（正規・派遣・非正規）とは関係ないので、同一労働・同一賃金が可能になりますが、日本の企業では雇用形態、つまり、人によって値札が違い、自分の職務が明確ではない（私の仕事はあなたの仕事、あなたの仕事は私の仕事、最終的にはグループ皆の仕事）わけですから、そもそも同一労働というものが明確に定義できないと思います。

ゆえに、同一労働・同一賃金は掛け声倒れになります。

欧米のジョブ型になるには、自分の職務を職務定義書で明確にする必要があります。すると、いまの働き方を大きく変えないといけませんね。それもなかなかやっかいなことです。

政府は「三位一体の労働市場改革」として、リスキリングによる能力向上支援、日本型職務給の確立、成長分野への円滑な労働移動の3つを進めると表明しています。なかでも、日本型職務給の導入を強調しています。

岸田首相は、2023年1月の衆参両院での施政方針演説で「日本型の職務給へ移行することは、企業の成長のためにも急務です」と訴え、6月までに日本企業に合った職務給の導入方法を類型化し、モデルを示す考えを明らかにしました。

しかし、なぜかその日本型職務給の定義がいまだ（2024年2月）できていません。定義できていない日本型職務給が一人歩きしている状態です。

思うに政府の目指すところは、メンバーシップ型での定期昇給モデルを職務給に組込むことですから「日本型職務給」と言いたいのでしょう。すると、人の評価（職能）は無視できないので、欧米のジョブ型とはまったく別物になります。異形のジョブ型というか換骨奪胎したジョブ型です。

現実的に起こりそうなのは、日本のジョブ型は職務給といっても値札は依然として人につき、ポジションにはつかないと思うので、結果、政府の思惑とは異なり、人の評価を基礎とする強化された成果主義になることです。かつての富士通の成果主義が思い起こされます。

日本型とはいえジョブ型（職務給）と称するので、これまでよりはスキルの観点が重視はされるかと思いますが、制度的に世界から見てガラパゴスであるのは変わらないので、それを意識して企業内ではなく世界標準で通用するスキル・ベースの観点を持つ必要があるでしょう。

つまり、スキルの獲得は会社に期待するのではなく、リスクを取って自分で進めていかねばならないのです。

働き方もアンバンドリング

世界的に「アンバンドリング3．0」が進みます。

アンバンドリングとは、もともと「切り離す」「バラバラにする」という意味です。ここでは現状ひとまとめになっている複数の要素を、細かい単位に分割・分離することを意味します。

「アンバンドリング3．0」とは、デジタル・テクノロジーの急速な進歩によって人の物理的移動（対面）の必要性が低下し、個人単位での業務タスクの分離が起こり、直接顔を合わせる必要があったサービス業や専門職も含めて、遠隔地に居る人の間で分業することが可能となることを意味します。

具体的には、国境を越えたバーチャルワーク（遠隔労働）が可能になり、国境を越えた結びつきを深めていきます。

加えてデジタル通信技術のみならずロボティクスとＡＩの進歩も含めて考えると、ホワイトカラーも含む労働の自動化が起こり、これまでの物理的国境の観点と働き方・労働提供の観点で大きな変容が起こる可能性があります。

このように「アンバンドリング３．０」とは、個人の労働サービスが物理的拘束から解放され、アンバンドリング可能な状態にあることといえます。したがって物理的な日本という境界の発想は意味を失っていくでしょう。

この意味で、選択の自由の境界は日本に限定しないほうがよいですし、自分のスキル・セットの際には、日本に限定しないスキル獲得を意識したほうがよいのです。その意味で、積極的なスキル獲得のための転職はリスクではありません。

アンバンドリング１・０とアンバンドリング２．０にご興味のある読者は、経済産業省が発表している資料をご参照ください。
『令和2年版通商白書』「第2章　グローバリゼーションの過去・現在・未来」
(https://www.meti.go.jp/report/tsuhaku2020/2020honbun/i2210000.html)

先進国を悩ます人口減少と前述した国家と企業と個人の間でのパワーシフトを考えると、今後、国家の間での優秀人材の取り合いが激化します。イギリスやカナダを見るに、すでにかなり進んでいます。

その取り合いの中に「いかに加わるか」を考えることが、重要です。

事実、ユニクロの柳井社長の財団による海外奨学金を受けている若い才能はアメリカに向かっています。日本という干上がる池に残るより、この流れ（チャンス）に乗るほうが得策ではないかと考えてみるのもありでしょう。

近い将来、通用するスキルがあれば、物理的に移動をしなくても国境を越えて仕事をすることはより容易な時代になっていきます。

もちろん税金の問題があるので、国家が規制に走る可能性は高いです。しかし国家間で企業の法人税の最低税率を合意したように、国家間での取り決めに進むでしょうから、一国で自国に都合のいいように税制をいじることは難しいはずです。これも国家のパワーの減衰です。

繰り返しになりますが、このように選択の自由の境界は日本を超えて広がりつつあるので、それを理解して、少しでも「自分の人生を自分でコントロールするような状態にしておく」ために、「リスク」を取って選択の自由を広げていく意識を持つことが必要です。

このように、「リスク・テイク」する姿勢は、非常に重要です。この議論の前提として、英語が標準装備であるのは意識しておいてください。

使える英語を身につけるには英英・類義語辞典を使い、和英辞典はシュレッダーにかけ、英和辞典は受験生にあげる、そして、TOEIC（L&R）のような試験の点数だけ高くても実際には使えない英語には意味はないと自分に言い聞かせてください。

日本のテクニック偏重で点数獲得至上の中身のない勉強はやめましょう。

小学校3年あたりから中学までの間に英語環境での生活経験がなければ、ネイティブのようになることはむずかしいですし、そもそもネイティブのようになる必要もありません。

グローバル環境での共通語である英語を、着実かつ地道に身につけてください。それも意思疎通可能で説得力のあるレベルで、体得してください。

一方「翻訳機の進歩に期待をかける」という意見があります。

たしかに、生成ＡＩの進歩で翻訳機は急速に精度を上げるとは思いますが、現在のＡＩはあくまで確率で言葉を選択しているだけで、文脈の理解も含めて言語の思考パターンそのものを理解しているわけでありません。

一方、言葉の概念は、言語間で一対一対応はしておらず、思考形態も異なるので、グローバル社会での共通言語の英語を英語として、英語の思考力（ものの見方・考え方）をマスターすべきでしょう。

言語によって、同じ状況に対する認識は異なるからです。

つまり、英語を理解せずに日本語の考えのままで翻訳機を使って、協業や交渉を通して高度な価値を生みだすのは難しいと思います。例外は、数式とプログラミングです。

「リスク・テイク」と「自由」の関係

安倍長期安定政権の結果が示すのは、「現状は人任せではなく、自分で打開するしかない」ということでしょう。

秀でるものがいなければ、社会に変革は起こらず成長もありません。

ですが平等主義を謳うことで９割の人が得をするため、日本人は格差を認められず、変わることもできません。そのため自らの手で日本社会を変える可能性を潰してしまうという自縄自縛の状態にあるのが、いまの日本社会だと形容できます。

先述した「貧しきを憂えずして、等しからざるを憂う」という言葉にそれが端的にあらわれています。

「日本人３．０」になるとは、その自《じ》縄《じょう》自《じ》縛《ばく》から抜け出すことです。

別の言い方をすれば、その呪縛から抜け出す「ファースト・ペンギン」になるか、ならないかの自己選択にかかっています。「リスク」を取らなければ「自由」にはなれませんからね。

何事にも「リスク」は存在すると考える欧米社会

アメリカでは古い橋のたもとなどに、「AT YOUR OWN RISK（ご自分の『リスク』で）」という看板をよく見かけます（次ページ参照）。

橋を渡ることによる「ベネフィット」を得るには、橋が崩落《ほうらく》するかもしれないリスクがあり、その「リスク」をテイクするかどうかは、橋を渡る人の自己判断であるということです。

この看板は、砂浜でも見られます。

絶景のグランドキャニオンに、日本のように景色をぶち壊す柵がないのも同じことです。つまり、「リスク」と「ベネフィット」はワンセットの〝天秤《てんびん》〟で「リスク」より「ベネフィット」のほうが大きいと判断すれば、「リスク」をテイクして「ベネフィット」を享受する判断をすることになるわけです。簡単な式です。

TRAVEL AT
YOUR OWN
RISK

SWIM AT
YOUR OWN
RISK
NO LIFEGUARD
ON DUTY
DEEP WATER
STRONG
CURRENT

この「リスク・テイク」意識は、ハード・ミントのキャンディのケースをあけると赤字で「AT YOUR OWN RISK」と書いてあるくらい日常的な感覚です。

昨今、日本でも「貯蓄から投資へ」と言われますが、アメリカ人が投資という「リスク」を積極的に取る理由も同じです。将来（老後）の「リスク」を軽減するための「リスク・テイク」には、次の方法があります。

資産の一部を、比較的安全なキャッシュ（会社の給与と貯金）として所有します。またリスクを取って株式などの有価証券や、長期の視点で捉える不動産などにも投資します。このように「リスク」を分散して資産ポートフォリオとして管理するのです。

勤めている会社の株は「リスク」が高くなる（卵を同じバスケットに入れると全部が割れる「リスク」は高くなる）ので、基本は持ちません。それに対する企業の対応がストック・オプションともいえます。「リスク」意識の低い日本では愛社精神につけこみ、従業員持株会を通して自社株を買わせます。

アメリカ人が、多額の借金（「リスク・テイク」）をしてもビジネススクールやロースクールなどのプロフェッショナルスクール（専門職大学院）に行くのも、卒業後の収入（対価≒「ベネフィット」）との天秤です。

それは、自己投資という「リスク・テイク」でもあります。

話が少しずれますが、フランスの有名なデモ（フランス語では、ＭＡＮＩＦＥＳＴＡＴＩＯＮ）ですが、これも「リスク」と「ベネフィット」の観点から、理解できます。

フランスではストは始終あります。大きなものでは、２０１８年から２０１９年の黄色いベスト（gilets jaunes）運動や、その後の年金制度改革への反対デモがあります。直近では、政府の環境政策を巡って、農家たちの大規模なストがありましたね。

デモが起これば交通機関が滞ったり、お店は閉まったり、商店の窓やＡＴＭが壊されたりするので、一般市民にとっては迷惑な話といえばそうですが、多くのフランス人はその行動を容認しています。

なぜかというと、フランスにおけるデモは自己の意見を表出する大事な行為（個人の基本的権利）であり、それは民主主義の基礎でもあるので、デモによる迷惑は民主主義のもたらす「ベネフィット」を維持するための「コスト」であると理解しているからです。もちろんそれは「リスク」とも読み替えられます。

これも「リスク」と「ベネフィット」の天秤です。日本人は、民主主義のコストなど考えたこともないのではないでしょうか。

「リスク・テイク」のメカニズムはどこでも同じ

「リスク・テイク」のメカニズムは、「ベネフィット」(リワード＝対価)を得るために「リスク」をいかにマネージして許容範囲内、つまり、できるかぎり最小化するかです。

これは日常的に誰でもふつうに行っていることです。たとえば、クルーズ船に乗って海外クルーズ旅行に行く(沈没の「リスク」を取ってクルーズ旅行を楽しむという「ベネフィット」を得る)、天気予報を見て傘を持っていくか、いかないかを判断するなどです。

要は、「リスク」を意識するか、しないかの違いです。

欧米人はそれを意識し、日本人は意識しない傾向が強いのです。前述したように、「リスク」を「危険」と捉えると、「ベネフィット」は存在しなくなるので、「リスク・テイク」は意識されません。

政府もメディアも企業もこぞって「安心」と言って、あたかも「リスク」は存在しないように言いますが、日本社会の日常に「リスク」がないわけではけっしてないのです。

欧米における「リスク・テイク」の背後にある考え方

それでは、なぜ欧米人は「リスク・テイク」を意識しているのでしょうか。その背景には人間に対する本質的理解があります。

その理解とは次のようなものです。

人間とは「進歩する多様な存在であり、自己の潜在力《せんざいりょく》の開花の追求を望んで」おり、そのためには自由と自己選択が必要と考えます。自由がなければ自己選択はできないですし、自己選択できなければ自由ではないという〝双子の関係〟です。

そして、自由と「リスク」は表裏一体ですし、自己選択は「リスク・テイク」といえます。ゆえに、欧米人、とくにアメリカ人にとっては、「リスク・テイク」は前向きで当たり前で良いこととして認識されています。

アメリカ社会は進歩主義（Progressivism／革新主義）と実践の意識が強く、自らの手で変化を起こすことが社会的に評価されます。オバマ元大統領が選挙キャンペーンで用いた標語が「ＣＨＡＮＧＥ」（チェンジ）であったのを記憶している読者もおられると思います。

つまり、アメリカ人は「あらゆる変化に困難を見出す」のではなく、「あらゆる変化にチャンスを見出す」といえます。チャンスと「リスク」は表裏一体。ですから「変化のない社会」に耐えられないアメリカ人にとって、「リスクは取って当たり前」なのです。

変化にチャンスを見出すか、困難を見出すか

そもそも自分の潜在力を開花させることを望む場合、変化や自己選択がなければ、潜在力が開花するわけなどありません。

多くの日本人は安心信仰を刷り込まれているせいか、「あらゆる変化に困難を見出す」傾向が非常に強いです。「リスクを取って、なにかあったらどうするんだ」症候群です。それでも読者の皆さんは、自分の潜在力を開花させたいと願っているはずです。メディアも自己実現を連呼しているので、願っても当然でしょう。

しかし変化に困難を見出してしまうと、変化を忌避して現状維持に傾きます。すると

自分の潜在力を開花させることは掛け声で終わり、実現できず、「青い鳥」状態になります。そして最後は「みんなで一緒に」というマインドに落ち着きます。流行の自己啓発の本に群れたりするものの、結局何も変わらずに終わりがちです。

つまり、自分で選択しない（「リスク」を取らない）で政府や今の社会に期待すると、「ベネフィット」はいつもみんなと同じになり、自分の潜在力は開花しないでしょうし、成長もしません。

自己の潜在力を開花させるという点から考えれば変化を歓迎し自己選択する、つまり、「リスク・テイク」することは、社会で生活し、成長するうえでは自然なことであり、良いことであるのではないでしょうか。

そして、皆さんは自由でありたいと思っているのではないでしょうか。

少し難しい言い方ですが、「リスク」と「ベネフィット」を考慮して判断すること、つまり「自己選択」や、「自己のさまざまな自由を実践し続けること」を通して、人は自由であり続けることができるわけです。

人生とは、この実践の連続ではないでしょうか。

日本社会の中での「ファースト・ペンギン」に

いまの日本社会は現状維持の後ろ向き思考では「ベネフィット」が減少し、「リスク」が高まる状況にあります。これは読者の皆さんも実感しているのではないでしょうか。

繰り返しになりますが、安倍長期安定政権の結果が示すのは、「現状の打開は、人任せではなく自分でするしかない」ということでしょう。変化に直面して脳を使う秀でる異質な人がいなければ社会に変革は起こらず成長もしないのですが、平等主義を謳うことで、当面は大多数の人が得をするために、そのベネフィットが減少しているにもかかわらず、自ら変わろうとはしませんし、社会の変革も望みません。それなりにいまはぬくぬく暮らせるというベネフィットがあるからです。

むしろ、格差への嫌悪感を増幅させている印象です。「平等に固執すれば固執するほど、皆で貧しくなる」という自縄自縛状態と形容できます。

先述した「貧しきを憂えずして、等しからざるを憂う」という言葉に、それが端的にあらわれています。まさに、「ハイリスク・ローリターン化」です。

この自縄自縛から抜け出しましょう。自分がその呪縛から抜けだす「ファースト・ペンギン」になるか、ならないか。意識の上での選択ひとつにかかっています。

「リスク・テイク」の初めの一歩を踏み出すのに勇気は必要か？

パワーが減衰していく「変わりたくない、変えてはいけないと変化に抗う国家」と、パワーをつけていく「生き残るためには急速に変わらざるをえないことを理解し、変身を始める合理的な企業」の間に私たちはいます。

企業と同じくパワーをつけていく、つまり、「リスク・テイクの判断を迫られ、変わらなければいけないと思いつつ、頭と体が動かない・動かしたくない個人」という日本の現実を理解して、一歩踏み出すことが必要です。

それが「リスク」を取るということですが、それは、難しい第一歩でしょうか？

繰り返しになりますが、実は「リスク・テイク」は日常的に行っている行為（状況認識・判断・行動）です。しかし「リスク」≒「危険」であり、安心（「リスク回避」）が第一と思い込んでいるので、日常の当たり前の「リスク・テイク」を意識していないだけで、実は「リスク・テイク」とはつねに一緒にいるわけです。

ですから、日常の「リスク」を意識化することが第一歩です。

まずは現実を直視することです。

現実から目を背けることは、意識をしない「リスク・テイク」です。そして、「リスク」と「危険」を混同しないでください。

そうすれば、「リスク」に対するマインド・リセットは、けっして難しいことではありません。

「リスクを取る」とは「これから、リスクを取るぞ」といった肩肘の張ったものではなく「身近なことから人生をより良くしていこう」という日常性に立脚した態度そのものなのです。

第8章 「日本人3.0」になるために今からできること

「持続的変容性」を因数分解する

ここまで読んでご理解いただけたと思いますが、読者の皆さんが「日本人3．0」に脱皮するにあたっては、日本の社会システムを変えるという方向で議論をするのはとても難しく、時間もかかるので、本書の観点からは得策とはいえないと思っています。「一億総何々」という「みんなと同じという名の平等」を標榜《ひょうぼう》するかぎり、強度の同質化は必然でした。そういった意味で、社会主義的社会の実現にかぎりなく近づくことに寄与した、教育を含む戦後日本の社会システムの根底からの変革は「日本という国家をどうするか」を論じることになるので一筋縄ではいきません。

一方、「持続的変容性」の意識という日本人個人の有する資質は、「日本人3．0」になるにあたっての重要な鍵になるでしょう。しかし、「持続的変容性」の意識は現在封印され、無意識に埋め込まれた状態です。

ゆえに、本書では個人にフォーカスを当てて、「持続的変容性」の意識を一人一人がいかに解放するかを考え、実践するかをテーマとしています。

「日本人が本来持つ潜在的な強みとは持続的変容性である」などと難しく表現してきましたが、ここで「持続的変容性」をあらためて因数分解してみます。

●不思議（外部新奇性）を絶え間なく取り込むという強い心性

外部新奇性を見つければ、ひたすらそれを探り、自分に取り込もうという好奇心の強さ。これは昨今の日本の食文化、たとえば昭和飯を見れば一目瞭然です。

この目新しさに対する感度は、若者を中心に、昨今いっそう強まってはいないでしょうか。これは国境を超えたSNSの影響かもしれません。

●プロセスを磨くことを通した、終わることのない精緻化と深化

海外では見られない、果物の品種改良による高糖度化とサイズや外観の向上は、この典型でしょう。中国由来の鍼灸《しんきゅう》も、日本で精緻化されたといわれています。最近は、外国人観光客にも人気のラーメンも、国民食といいたくなるくらい深化と分化を遂げています。

京和菓子の伝統ともいえるプレゼンテーションの精緻化と極め方を思うと、日本人のパティシエが海外でも評価されるのももっともでしょう。最近の日本人シェフのプレゼンテーションも高度化していますね。

●内向な精緻化を通した日本化（背後の思想や文化を取り除き無化すること）

内実を消して形だけを残して、独自の精緻化を行うという点で、古くは漢方薬があります。

漢方薬は奈良時代に中国から伝来しますが、中国から伝えられた理論（陰陽《いんよう》五行《ごぎょう》学説・気血津液《きけつしんえき》学説・五臓六腑を中心とした臓腑学説など）ベースで病気の本質・個人の体質を見定めていくというのはいつしか脇に置かれ、症状や問題点から直接病気の本質・個人の体質を想定し、それに一番合う処方を考えてゆくという日本独自の考えのもとに本家の中国漢方とは別の医学体系として精緻化されてきたものが日本漢方といえます。

中国語の発音を教える音博士を廃止して漢語を放棄し、日本独自の発達を遂げた漢文もその一例かもしれませんね。

最近ではクリスマスやハロウィンがそうです。バレンタインデーしかりです。加えてホワイトデーまで作りましたからね。

次に〝輸入〟されるのは、春のイースターか11月のサンクス・ギビングデーあたりでしょうか。昨今、和魂洋才の〝和魂〟は怪しいですが、〝洋才〟の考えは健在ですね。

●「こと」的認識が基底にあるので、尊ぶのは再現性ではなく一回性

「こと」的認識は「モノ」的認識と対をなす、とても日本的な概念です。

「モノ」と「こと」をわかりやすく言うと、リンゴが木から落ちるのを見てニュートンのように万有引力の法則を発想するのが「モノ」的思考です。一方清少納言のように「いとをかし」（同じ光景を翌日に見ても、「をかし」と言うとは限らない）と思うのが「こと」的発想といえると思います。

要は、論理よりも感情が優先なのです。

簡単に言うと、「モノ」とは状況に関係なく、いつも変わらず、客観的に自分で観察できる物体を意味します。少し難しく説明すると、「モノ」とは主観を排除し、時間的

推移変動の観念を含まない安定的かつ客観的な対象である名詞的概念です。

つまり、主体（自分）と客体（外部）を分離して、主体によって客体をコントロールしようとします。法則性を発見しようとする姿勢です。ゆえに機能設計の考えが強く、再現性を重視します。これは欧米人の基底にある思考です。

一方、日本語に特異な「こと」ですが、簡単に言うと、同じモノを見ても、聞いても、触っても、その時の状況によって同じようには感じません。とても主観的な感覚です。

これを少し難しく説明すると、対象と主観（自分）を分離することなく抱合し、時間的に進行する、不安定な事象である述語的概念です。それは動詞的概念ともいえます。自分という主体と、外部の客体が未分化である時間的経験です。

時間的経過なので、一回性、再現性のない過程の経験です。「こと」はこの一回性に価値を置きます。

戦後、日本でも学校教育では「モノ」的考えを教えようとしていますが、「こと」的思考は日本語と深くかかわるので、日本語を母語にするかぎり「こと」は日本人の基底にある思考です。

一回性を尊ぶがゆえに、飽きっぽいのかもしれません。ブームはすぐに去ります。でも次のブームが来ます。

最近のスイーツでいえば、一瞬大ブームとなったマリトッツォ。古くは、パンナコッタ、タピオカ、再ブームのカヌレなどでしょうか。この意味で「その瞬間、流行すればいい」とでもいうような、ある種の刹那《せつな》主義があるかもしれませんね。それが極度のイベント・アニマルであることに、あらわれている気がします。

また「こと」的発想はデジタルではなくアナログです。今後、ＡＩの進歩は加速化すると思いますが、人間がいるかぎり、アナログの世界は生き残ります。

デジタル的思考が進めばアナログ的思考はなくなるかというと、逆説的にアナログ的発想の相対的な価値は上がると思います。それが多様化という世界です。

当然、デジタル領域では人間はＡＩにはかないません。ですので、日本人特有のアナログ的発想を大事にすることは競争力のある「日本人３．０」になるうえで重要です。

つまり、終わりのないプロセス遂行ゆえの「持続性」であり、再現性を持たないゆえの「変容性」であり、この西欧的な意味での矛盾を矛盾としないところに「日本人３．０」

の価値があります。

現状の問題は、日本人の若者がこの潜在力を自覚していないことと、違和感を覚えながらも、周りの空気を無視できないこと（「ホモフィリー」の呪縛）です。

つまり、いかに自分の潜在力を自覚してめいっぱい振り切れるかです。

その振り切り、つまり尖《とが》ることが「日本人3．0」という観点から重要なのです。「持続的変容性」は、日本人が本来持っているものだと言いましたが、「日本人3．0」という観点で、それを自覚して解放することの意義についてお話しします。

「こと」的発想の重要性

実はこの「持続的変容性」の前提には、無思想・無節操（当然・常識の軽視か無関心）があります。もし、強い思想・節操があるのであれば、伝統と言われるものが実生活にもっと残っているはずですから。

伝統行事が廃れ（最近は地方の夏祭りなどがクローズアップされますが、それはインバウンド目当ての観光資源として商業化されたもので、バリ島のケチャのように、もはや〝伝統〟ではなく〝商売〟になるということかと思います）、海外出自のイベントが盛況なのも、その証《あかし》でしょう。

「背後の思想や文化を取り除き無化する」といいましたが、そもそも無思想（無信念・無信条）・無節操なので思想には興味はなく、「踏み越えてはいけない」という感覚も薄いのです。テクノロジー革新により激しい変化が常態化し、常識がつねに塗り替わり、社会の軸は多様化し、開放と流動化に向かういまの時代には、この発想が重要です。

つまり、社会的には否定的に捉えられがちな無思想・無節操を肯定的に捉えることが、「日本人3．0」への脱皮という観点から必須なのです。

もうひとつの意義は再現性を前提に置く欧米近代社会が主流であるなかにあって、「こと」的認識が基底にあるので、再現性を気にせず、むしろ一回性を尊ぶことです。

ここに多様性の原型があり、予期せぬ結果を生み出す可能性を秘めています。

また、「こと」的な発想は論理よりも感情優先の思考ともいえると思います。ＡＩには論理（網羅性・正確性・迅速性）ではかないませんが、感情ではＡＩは人間にはかないませんからね。

ＡＩが主流になる今後の時代を考えるに、この「こと」的発想は個人の観点では重要です。論理性につながる「モノ」的思考は英語を英語として習得すれば身につけることが可能ですが、逆に、あとから「こと」的発想を身につけるのは相当に難しいものです。

なぜかというと、英語は文法が基本（構文論）なのでそれなりに習得は可能ですが、日本語は高度な文脈依存言語（語用論）であり、世界でもっとも習得・習熟の難しい言語とされているからです。ゆえに、ChatGPTにおいて、日本語は劣後《れつご》になるわけです。

個人として、「いまからすべきこと」

日本社会には暗黙の圧力が存在します。

「社会主義的な〝かぎりない平等〟を目指す政府（社会）が敷いた〝ふつうという名のレール〟を皆で走るのがいい」という判断停止を求める圧力です。

しかし、現実を見るとレールの先がなくなっていませんか。

それでもレールに沿わなければいけないという強い社会的圧力がありますよね。それを自覚し、自分で自分のレールを敷くのが「日本人3．0」なのではないでしょうか。社会が変わるのを待っている時間はありませんし、急速な高齢化と地元重視の政治のもとでは、いまの日本社会システムは大きく変わることはないでしょう。

結論から言うと、無思想（無信条・無信念）・無節操を前提で、「持続的変容性」を意識的かつ肯定的に受け入れて日々行動しているのが、「日本人3．0」なのです。

この前提を否定的に受け取る読者の方もいると思いますが、ポストモダンの社会にフィットするでしょう。ポストモダンとは構造を否定し、あらゆるものは相対的だという考え方です。

したがって次に述べる「心構え」「日々の心得と行動」などの「いまからすべきこと」は、無思想や無節操の肯定を前提とした「持続的変容性」の心性を自覚するために必須なのです。

必須の心構えとは

さて、以下に「いまからすべきこと」を挙げていきます。

初めに大事な心構えについてです。

まず重要なのは、日本の社会システムの問題は、old（年老いた）ではなく、世界的に見てobsolete（時代遅れ）だという現状認識を持つことです。

イノベーションを起こす人材の比喩でよく言われますが、「波がなければ、偉大なサーファーは出てこない」わけです。

いまの日本社会を見ると「凪」です。

読者の皆さんも実感していると思いますが、いまの日本を見るに、国から企業からメディアまで、みんなで「とりあえずビール」のようにイノベーションの大合唱をしますが、内実は格差を孕む現状変更（波を起こす）ではなく、平等を求める（凪を求める）ことが最優先されるので、グローバルで伍《ご》せるユニコーンなど出ません。「ルールに従順なだけではなにも起こらなくて当然」と感じるのは私だけでしょうか。まずは「従順である必要はない」というマインド・セットが重要です。

繰り返しになりますが、村上春樹氏が指摘しているように「日本の教育システムは（略）共同体の役に立つ『犬的人格』をつくることを、ときにはそれを超えて、団体丸ごと目的地まで導かれる『羊的人格』をつくることを目的としている」わけです。つまり日本の教育の本質は「考えないようにすること」であり、それを前提にイノベーションを求めるのはおかしな話です。日本の教育の本質は昔と変わらず「国が子供を教練して国家に役に立つように育成すること」としか読み取れません。個人が学ぶ場所ではないですね。

文科省は、「だから主体的に考える教育を重視しているのだ」と反論するでしょうが、「考える」とはそもそも主体的な営みであるはずです。それを「主体的に考える」と表現するとはどのような意味でしょう。「主体的に考える」ことをお上から強要するのでしょうか。

そもそも日本社会において、「考える」は「考えろ」という命令的なもので、自発的な行為ではありません。したがって、「従順でないこと」「疑問」「好奇心」という３つが揃わなければ「考える」ことなどしない、と心得てください。

2つ目に重要なのは、リスクの意識化です。

まずは、いまの世界では、「当たり前」がつねに変わっているので、環境適応確率の高いモデルが普遍の存在としてあるわけではない事実を理解しましょう。

「ノー・リスク、ノー・リターン」ではもはやなく、リスクを取らないことが最大のリスクであると思ってください。

つまり「ノー・リスク、マイナス・リターン」です。

リスクを取ることは「避けること」ではなく「当たり前」と思うことです。どのみちリスクを回避したつもりでいても、完全には避けられるものではありません。

それなら「無意識にリスクを取っている」より「意識的にリスクを取る」ほうがよくありませんか。変化は避けるものではなく、自ら受け入れるものと捉えてください。

変化や前進を、当たり前のものとして考えてください。

リスクは取って当たり前であって、排除するものではありません。繰り返しますが、そもそも、リスクとは排除できないものです。「何かを始めるのは怖いことではない。

怖いのは何も始めないこと」と心得てください。「変化に適応すると、失うものよりも得るもののほうが多い」というマインド・セットをおすすめします。

「失敗することは耐えられるが、挑戦しないことには耐えられない」と思うようになれば、リスク・テイクは当然の姿勢となっているので、立派なリスク・テイカーです。

リスクを取ってこそ現状は維持できるのであり、その先にも進めるわけです。

リスクを取らないと、いまの日本のような停滞的社会では縮小均衡《きんこう》して沈降していくと捉えるべきです。リスクなしと思って、SNS上で他人を引きずり落とすのに使うパワーを、リスクを取って自分のために使いましょう。もっともSNS上での誹謗《ひぼう》中傷は、ご存じのように、昨今は大きなリスクになりつつあります。

3つ目に重要なのは「多様化の行きつくところは、各自がマイノリティになることであり、マジョリティはいない」と理解することです。

ゆえに、日本人が好む「みんなで一緒に」は機能しないと思ってください。「人と同じ」はリスク、「自分はマイノリティでいい（平気）」と意識することです。つまり精神的にタフであることが求められます。

まず、自分で判断する前に、状況認識として周りを見るキョロちゃんはやめましょう。リスクを取る自分が変なのではなく、変なのは周りの人のほうで、リスクを取らない彼等は損をしていると捉えてみてください。

日常、（統計的）平均像や男女などのカテゴライズされた典型的な像がメディアや政府広報で言われますが、皆さんの周りの人は果たして平均的でしょうか？

むしろ平均像の人のほうが少なくありませんか？

平均像は統計的な架空の像であり、実態ではないのですが、多くの人は、平均像やカテゴリーの典型的な像に自分を無意識に近づけようとします。これを「ステレオタイプの脅威」といいます。

平均像を使うことは、国民をまとめたい政府にとっては好都合ですが、いまの多様化の流れに反しますし、人はみんな違うという現実から目を背けることになるので、平均とカテゴライズには気をつけてください。そのためにも、今後は「われわれ」とは言わないようにしましょう。

最後ですが、残念ながら、政府やメディアがいかに格差を問題視しようが、格差は拡大します。デジタル技術の急速な発展による社会の複雑化と高度化によって、求められるリテラシーの広さと深さが拡大します。

知識社会と言われるように、個人の知識が価値を生むベースとなります。リテラシーと知識の個人差はより大きくなるので、当然、結果的に格差は広がります。すでに新卒間での給与差も大きくなっているくらいですから。

現在、政府が主導する会社員の再教育も会社ごとに社員のリテラシーのレベルで意識が違うので、結果は格差を拡大するはずです。また、国家と企業と個人の間でのパワーシフトによって、国家のパワーは減じ、国家は税金と社会保険料と赤字国債を増やしても現実的に国民の面倒は十分に見られないので、社会保障を筆頭に、国民の自己防衛（自助努力）に力点を移行していますよね。自己責任といって批判するメディアも多いですが、結果的に自分で「方向性を定める、決断する、責任を取る」ことになると思います。

これは「お手々つないでみんな一緒」ではないので、当然結果に差がつきますよね。

要は、格差が開くのが前提なので、「自分から動かなければ置いて行かれる」と思ったほうがいいでしょう。

日々の心得と行動について

次に日々の心得と行動についてお話しします。

「自由に自己判断を行うための決意と〝努力〟」の日常的な心得と行動です。まず、「安心」という言葉を禁句として生活してみましょう。つまり安心教の教徒をやめるということです。そして、不安（現状肯定）ではなく、不満（現状変更）に対して反応しましょう。「リスク」と「危険」の違いをまずは理解してください。

「成功への秘訣《ひけつ》は失敗すること」であり、「失敗がなければ成功はない」と思ってください。チャレンジして、失敗してなんぼです。できれば失敗を前向きに評価し、失業は当たり前のブレイク（一休み）と思える社会になってほしいですが、日本では難しいので、自分でそう思えるようにしてほしいです。周りにそういう人が増えるとよいと思います。

また、典型的な偏差値エリート・東大生のような「地雷原を避けるクレバー君」ではなく、地雷原を走破するスマート君を目指してください。

リスクに対するマインドのリセットは日常の積み重ねなので、明日から日常の判断でリスクを最初に考え、それをいかに最小化するかを考えましょう。

常識は最大の認知バイアスだと自覚してください。

中立や客観はありえないので、どうであれ自分の考えも含めてあらゆる考えにはバイアスがあることを自覚してください。

このバイアスの自覚を持って日本社会への違和感があるかないかを考えて、あれば素直に認めてください。

組織や社会に対するコミットメントを再考してください。

欧米社会に比べて、日本人の組織へのコミットメントは過度だと思います。いくら日本人には組織への帰属性が重要であったとしても、組織が多様化するなかでこの過度なコミットメントは再考の余地があります。組織や社会へのコミットメントより、ディタッチメントを考えるべきです。

「ルールは破るためにあり」というマインド・セットが最強です。

「既存の日本社会システムの枠から、自ら外れる」方法

「良い子（自制的、控えめ、感情を抑制、穏やか、忍耐強い、従順、過剰な気遣い、自己犠牲）」を目指すのを、まず放棄しましょう。

「ふつうという名の正解」を求めることをやめましょう。ふつうとは、裏を返すと、「存在が鬱陶しい」「押しつけがましい」、それでいて「変に謙虚」ということなので、実際のところ、「ふつうであれ」はウザいです。

しかし、「ふつうであるな」を意識するのも禁物です。なぜなら、「ふつうであるな」もふつうを前提に置いているからです。つまりは、ふつうを意識しないことが重要です。そうすれば、自分と他人を比較せずにすみます。

つまり「平均」「ふつう」などの二分法は忘れてください。そもそも平均的な人やふつうの人なんて、実際は存在しません。

少し難しいかもしれませんが、メタ認知を意識して、自分の行動を見てください。メタ認知とは自分自身を客観的に見て、その行動や思考を改めて問い直すことをいいます。

日本人は、「コト」の概念が強いせいもありメタ認知が苦手なので、特にそれを意識することです。

日本の教育は、言ってみれば、頭の纏足《てんそく》なので、それを意識的に外すようにすることが重要です。そうすることによって、自分のリミッターが解除されます。そして、自分のOSもバージョンアップしていくはずです。

まずは、日本人の悪い癖とされる「黙る（面倒だ）」「考えない（考えたくない）」「わかったと思う／思いこむ（目をつむる）」を意識して、やめてみてください。

「リスクを取ってサクラマスと同じことができる」方法

「海から陸に上がろうとしたもののあきらめたシーラカンスのようにはならない」と、強く決意をしてください。

社会の強い「みんな同じに」という平等意識から一度距離を置いて、格差の拡大について、他人事ではなく自分事として考えてみてください。

日本社会が得意としてきた顔のない集団、つまり「平均」で勝負するのではなく、個人で勝負するという意識を持ちましょう。平均でいると、上がり続けることはありません。また変化が急速で激しければ、平均を上げることに意味はありません。平たく言うと「一山いくら」と扱われることに嫌悪を感じてください。

他人とは「わかり合える」ものではありません。どこまでいっても「わかり合えない」ことを前提に置いて、「わかり合えない」をいかに最小化するかを考えてください。グローバルな環境では、それが前提です。

情緒的共感力（相手が受けた自分の感情的思いを相手に投影する）ではなく認知的共感力（相手の立場にたって考える能力）を磨いてください。日本人は文脈共有前提なので情緒的共感力がとても強いのですが、グローバル化社会では文脈共有は前提ではないので、認知的共感力を高める必要があることを自覚してください。

これまでの成功体験や経験測をあえて捨てる「脱学習」という意識を持ってください。

金平糖《こんぺいとう》の角（強み・長所）を意識して伸ばすようにしてください。弱みを解消しても強みは強くなりませんし、強みと弱みは表裏一体であることのほうが多いと思います。

しかし政府と社会は、おせっかいに角を舐めて尖らなくするので気をつけましょう。

また例外的に尖ってしまったほうが、「ふつうでいよう」と無理に努力をするよりも、楽なはずです。

つねに最悪のケースを想定しておくことが重要です。

政府と政治家の得意な根拠のない楽観はやめましょう。

最悪のケースを想定しておけば、何が起こってもそれ以下にはなりません。つまり、自分に何が起こっても大丈夫と腹をくくれるわけです。

いろいろな体験（チャレンジ）をして、それを経験に落とし込む過程で、自分のエッジが何かを見つけることが重要だと思います。

たくましく、かつ、フットワークが軽いことが重要です。

「豊かな才能があれば、それは必ずいつかは開花する」は、「必ず努力は報われ言葉は守られる」と同様に、あまりにもナイーブな考えです。

才能が表にあらわれていなければそれがあることもわからないので、自分で掘りだしてみなければ、才能の有無はわかりません。この意味で競争は重要です。

自ら進んで競争をして自分は何が得意かを見つけていかなければ、自分が本当に得意なもの（エッジ）は見出せないのではないでしょうか。

日本の教育は「競争を奪う」ことを自覚してくださいね。

大谷選手が日本に残っていたらどうであったかは、簡単に想像がつくかと思います。才能と競争と正当な評価が前提のアメリカ社会であるから、いまの大谷選手はいるわけです。「日本人はすごい」などと言って国威発揚している場合じゃないです。

「機会の窓（時とめぐり合わせ）」は人を待ってはくれません。自分から積極的に動かないで待っていても、何も起こりません。十分ではなくても、とりあえず挑戦してみましょう。必要なものは、走りながらでも身につけられますし、試みなければ何が必要かはわからないことも多いですから。

満を持しても、失われた機会は取り戻すことはできません。

日本人は世界で屈指の消費者マインドの強い人々です。何事も消費を中心に考えます。それはそれで、新しいサービスを生むので良いのですが、本書の「日本人3．0」の観点から言うと、強い消費マインドではなく、強いクリエイト（創造）マインドの必要性を自覚してほしいと思います。

前述しましたが、「プロセスを磨くことを通した、終わることのない精緻化と深化」という日本人の強みは過剰最適化をもたらすので、いまの日本社会のように変更が難しくなります。ゆえに、「日本人3・0」になるためには、個人として、視座を柔軟にして、視野は日本を超えて持つことが必要です。

日本ではなく、グローバルがプレイグラウンドという発想です。

グローバル社会は日本の社会のように過剰最適化されることはないですし、あくまでも個人としての日本人の強みなので、過剰最適化の罠《わな》にははまらないと思います。

視座と視界と視点を理解し、知識で武装し、言葉に対する感度をあげて言語化能力を高め、考える力を向上させてください。世界を俯瞰しながら、実践で知恵を磨いてください。

最後に、現在の教育によって纏足されている脳の縛りを意識的になくし、自分のOSのバージョンアップを心掛け、自分に課したリミッターを解除することが求められます。

いままでに述べた心構えや日々の心得を理解し、行動を実践していく、つまり、リスクを取って自ら多くを試みることで「日本人3．0」に脱皮できるでしょう。

ビル・ゲイツが「われわれはいま、AIの時代にいる。速度制限やシートベルトができる前の不確実な時代に似ている」と言うように、変化が激しく不確実ないまの環境は、「日本人3．0」に脱皮するにあたって望ましい環境です。

その際にプレイグラウンドを日本だけに限定せず、グローバルを意識してください。つまり日本にいる自分という現状を出発点として、細かい検証をしながら、現状から将来の自分を探すのではなく、「持続的変容性」を自覚し、遊び心を大事にして、将来の自分のビジョンを描いて、それを実現するために必要なことを積み上げていくという発想です。言い換えれば、登山のようなもので、山頂は見えていても、登攀路《とうはん》は複数あり、自分で登攀路を見つけることもでき、それが面白いと思うことだと思います。

その際に大切なのは、「人生における生きる意味を見つける」という苦行」と捉えるのではなく、「人生において生きることをいかに面白くするかというゲーム」だと思うことでしょう。逆説的ですが「楽できるなら、できるだけ楽したい」と思うと、かえって楽にならないのが人生というものです。

現状の延長線上で考えるより、実現したい自分のビジョンに向け、まず動いてみることが、「日本人3．0」への近道です。

終章

「最新」の日本人として生きる

「居心地がいい」は、良いことか

日本社会とは、言うまでもなく、人の目を気にする社会です。相互監視の圧力が強く、集団行動指向がとても強いといえます。

しかし日本ほど安全で、経済的にも恵まれた住みやすい国はほかにありません。ある意味「居心地の良い社会」です。

しかし「日本人3.0」になろうとする自分の将来を、自由度を持って展望したい人にとって、この現状は居心地が悪いのは当たり前でしょう。

いや「居心地が悪い」と感じていなければ、「日本人3.0」にはなれないはずです。そういった意味で、誰もが「日本人3.0」になれるわけではありません。大きな成功を収めたシステムほど惰性と変化への抵抗が強いので、「日本人3.0」になるには個人が自覚的に変わるしかないでしょう。

いまのような日本社会が好きな人は外国人にもいるので、それはそれでネバーランドの住人として、「日本人2.0」で生きていけばよいのではないでしょうか。当然、その中に、「日本人1．0」もいるかと思います。

「お騒がせして申し訳ありません」が依然として常套句《じょうとうく》である日本社会に波が起きることなど、到底期待できません。

ゆえに、アルバート・ハーシュマンの組織論ではないですが、「日本人3．0」になるとは、既存の社会への「LOYALTY（忠誠）」から離れ、社会に対する「VOICE（発言）」も機能しないことを理解し、行うべきは、意識として「EXIT（離脱）」することと理解できている状態を指します。

イーロン・マスクのような人間が日本社会の規範のもとで生まれる可能性はかぎりなくゼロに近いので、自分のポテンシャルはその規範の外部で試すしかありません。

実際に日本を離れなくとも、「意識として日本社会の規範から外れる覚悟が必要」です。

なぜなら、いまはない新しい波は、中心ではなくつねに辺境からやってくるものだからです。

その意味で「日本人3．0」になるには、あえてマイノリティ（中心ではなく周辺）であることを望む気概が必要です。

自由にいられる居場所を見出す、ルートのない登山

「日本人3.0」になるとは、頂上は自分で設定しますが、登山ルートのない登山のようなものと心得てください。

困難に直面しても自信を持って前向きにチャレンジしていくことで、見える景色が変化していく、つまり目線が高くなるのが「日本人3.0」です。

日本を超えて自分の能力を正当に評価し、伸ばせる環境を求めることが重要です。自分を認めて評価してくれる、自分の居場所を探すのが「日本人3.0」です。

そして他人の目を気にせず、自由にいられる居場所を探すのも「日本人3.0」といえます。

この居場所を最初から日本に限定する必要はありません。むしろ、限定すべきではないでしょう。

すると、世界の共通語である英語が必要になりますが、急速なテクノロジーの進歩もあるので、それを、てこにして自らを英語の環境に置けば、英語の問題は克服できるで

しょう。まさに、「習うより、慣れろ」「必要は上達の母」ですからね。

初めから居場所を日本に限定してしまうと、無思想・無節操が前提の「持続的変容性」のポテンシャルが十分には開花しません。

日本人という「モノ」（本質的な日本人像があり、みんな、そこに収斂すべき）に合わせようとするのではなく、日本人である「こと」（日本人像とは、環境に応じて変化するもので、百人百様である）を実践するのが、「日本人3．0」です。

ゆえに、日本人のイメージは一様ではなく、万華鏡のようで良いのです。むしろ違っていないと「日本人3．0」ではありません。同じなのは「日本人1．0」と「日本人2．0」です。

過去は振り返らず、前を見よ

これまでの日本の良さ（固定化された日本というモノ：古民家や最近人気の盆栽など）の価値発見は、外国人に任せるほうが賢明でしょう。古民家再生に関する知見と情熱はイギリス人には到底かなわないからです。

新しい「日本人3.0」は、過去を振り向かずに前を見る、百人百様の日本人である「こと」を実践するWORK IN PROGRESS（制作中の未完の作品）の状態だと思ってください。

そして、「人は誰もがマイノリティで、自分はマイノリティでよい」という強さが、「日本人3.0」には求められます。

「日本人3.0」を志向する人は、自分は原石ではあるが、現状はそれを磨ける環境ではないので、それを自分から探していく人といえます。この意味で、大谷選手における栗山監督のような、将来を左右する「目利き」の人と出会えるかは重要です。

あなたも人との出会いは大切にしてくださいね。

重要なのは、年齢ではなく、気の持ち方

「日本人3.0」になれる人とは、意識の柔軟さの問題なので、若ければ良いというわ

けでも、歳を取っているからダメなわけでもありません。年齢はまったく関係はないとは言いがたいですが、重要なのは気の持ち方です。

年齢に関係なく、将来を見て、「失うものよりも得るものが多い」と思えれば大丈夫です。若くても、「得るものよりも失うものが多い」と思っていると「日本人2．0」や「日本人1．0」からは脱皮できないです。

「ニューヨークに酒蔵をつくる」という大きな野望を持ち、72歳でニューヨークに移り住んだ旭酒造の桜井博志会長は、まさに現在進行形の「日本人3．0」でしょう。桜井会長は、純米大吟醸《だいぎんじょう》「獺祭《だっさい》」により旭酒造の再建を果たしたことで著名です。

報道によると、桜井会長は英語もできず、アメリカでの生活経験もないのに移住されたのだとか。要は、老いること（old）が問題なのではなく、時代遅れ（obsolete）にならないことが重要です。

このようにテクノロジーも含めて環境の変化に敏感で、その変化にリスクではなく、チャンスを見出そうとする姿勢や態度が望まれます。

「日本人3．0」とは、言い換えるとポテンシャルのある日本人を解放することでもあります。つまり、日本社会が個人を自分好みのストーリーに当てはめようとする押しつけから解放しようということです。

この意味で、「日本人1．0」と「日本人2．0」と政府は、「日本人3．0」になろうとする個人の邪魔をしないことです。とくに個人の〝想像力〟の邪魔をしないこと。伸びる個人の邪魔をしないことです。

また彼らが、「日本人3．0」になって、世界で大きくなって帰ってきてくれた際には感謝をすべきでしょう。さらに言うと「日本に帰ってきて当たり前」ではなく、「帰ってきてもらうにはどうするか」を考えることが求められます。

「日本人3．0」になるとは、リスクを取って、選択の自由の境界を日本に限定しないで広げていく、長いリーグ戦だという意識を持ってください。トーナメントの意識ではうまくはいきません。

こころのエネルギーを高めつつ、柔軟に外の新しい対象にこころを向けていく。こころのエネルギーのフィードバック回路を有するのが、「日本人3．0」ではないでしょうか。

『炎舞《えんぶ》』で著名な日本画家の速水御舟《はやみぎょしゅう》の名言に、次のようなものがあります。

「絵画修行の道程において私が一番恐れることは型ができるということである。なぜならば型ができたということは一種の行き詰まりを意味するからである」

この言葉のように「日本人３．０」には、型を壊して、絶えず前に進んでほしいと思います。

潮目は変わりつつある

日本社会の根幹は変わっていませんが、実力至上のスポーツの世界では、大谷選手を筆頭に、アメリカのＭＬＢに挑戦し、活躍する日本選手は当たり前になりました。直近ではドジャースとエポックメーキングな契約を交わした山本由伸選手です。また欧州のサッカーリーグでは、日本人プレーヤーは珍しくなくなっています。

さらに従来の美談としての〝根性野球〟ではない慶應義塾高校が夏の甲子園で優勝しましたし、半数近くが日本人出自ではないラグビーの日本代表など、徐々に変化してきています。

スポーツ界だけにかぎりません。理系や経済学の研究者も少なからず、日本以外の土俵で競っています。

最近では、囲碁の最年少記録を持つ仲邑菫《なかむらすみれ》女流棋聖《きせい》が韓国へ移籍したようです。将棋と違い日本にとどまっていては世界の土俵で戦えないので、自分をより強くするために日本から出ていったわけです。

このように競争と実力が優先するという変化が徐々に起きてきており、硬直化した日本社会ですら、潮目は少しずつ変わりつつあります。

たとえば日本が誇る伝統芸能、歌舞伎の役者は「純粋の日本人でないといけない」と思っている人も多いようですが、そんなことはありません。絶大な人気を誇った戦前の15代目市村羽左衛門《うざえもん》は、実はフランス系アメリカ人と日本人の間のハーフ・アメリカン・ハーフ・ジャパニーズです。

時代が時代であったので、彼がハーフ・アメリカン・ハーフ・ジャパニーズである事実が公になったのは戦後になってから、敗戦直前に彼が亡くなった後のことでした。

また2023年には、7代目尾上菊五郎《おのえきくごろう》の長女である女優・寺島しのぶ氏の長男が、初代尾上眞秀《まほろ》として歌舞伎座で初舞台を踏んでいます。公知のことですが、彼の父親はフランス人なので、ハーフ・フレンチ・ハーフ・ジャパニーズです。

また、同年10月の歌舞伎座新開場十周年「錦秋十月大歌舞伎　文七元結物語《ぶんしちもっといものがたり》」に寺島しのぶ氏ご本人が出演されました。

歌舞伎では、例外として女の子が子役として舞台に立つことはありますが、一般的に成人女性は出演できません。演目の中の女性の役はすべて、女形の男性が演じます。ですから歌舞伎では、これまで大人の女性が歌舞伎座の舞台を踏んだことはありませんでした。

寺島氏の例は大御所・尾上菊五郎の娘だからとはいえ、伝統を売りにしてきた歌舞伎界にとって大きな変革でした。

「歌舞伎をビジネスとしてどう生き残らせるか」を考えるべき松竹は、「伝統」を踏襲しているだけでは生き残りは難しいこと、変革しないと生き残れないことを理解しているのでしょう。

つまるところ、「日本人3．0」とは、この潮目の変化を捉えて、「日本人であること」を自分でプロデュースするチャレンジャーなのです。

「日本人だから……である」ではなく、「……なんだ、でも日本人だ」ということです。

この意味で繰り返しになりますが、日本人のイメージは「万華鏡」でいいのです。

世界は「EVER CHANGING」だと心得て、「EVERYTHING POSSIBLE」と思い、「WHY NOT」の心意気を持っていること。そんな人が「日本人3．0」ではないでしょうか。

そして「先従隗始」（先《ま》ず隗《かい》より始めよ）を率先して実行できるのが「日本人3．0」ではないでしょうか。


さて、ここまでお読みいただき、大変ありがとうございました。

本書を読んで、より多くの読者が「リスクを取るのは良いことなのだ」と思い、リスク・テイクのマインドを持ち、進んで実行していただければ、結果として「日本人3．0」に脱皮していくでしょう。

同時に、海外からよく指摘される、日本人の3つの課題も解消できるはずです。
その課題とは次の通りです。

- 「リスク」を取らない
- 平等意識が強すぎる
- 英語ができない

あなたの「日本人3.0」への脱皮を確信して、筆をおきたいと思います。

おわりに

最後に、日本における「多様化」についても触れておきましょう。

筆者としては、日本社会は、「多様化とはパンドラの箱である」という認識を持たずに、その蓋を開けてしまったと思っています。

つまり、識者もメディアも、多様化を認めてそれを推進することで、現在の過度な社会的拘束（同調圧力）を緩和し、個人の多様性の容認と社会的凝集性（恒常性）の維持の理想的な均衡点が得られると思っている＝「多様化はコントロール可能」と思っているふしがあるのです。

しかし現実的には、多様化と社会的拘束は居心地の悪い同居で、理想的な均衡点などはありません。そもそも、多様化する個人に〝共通の均衡点〟などないでしょう。だから多様化を止めるなんて、権威国家的な国家の強権によらなければ難しいはずです。

つまり、「多様化」とは、一度開けてしまったら元には戻らないパンドラの箱なので、紆余《うよ》曲折はあっても、「多様化」は進まざるをえないでしょう。

「多様化」が進めば、過去の延長に未来を想定するのは難しくなるので、当然、将来の予見性は低くなります。不確実性は当然高くなります。誰かが決めた「これを進めばよいというレール」はなくなります。

日本という境界を越えた「多様化」の流れの中で、当然、異文化に触れることになります。ここで覚えておいていただきたいのは、世間では異文化理解といいますが、原理的に自分の価値観を維持して、異文化を理解することはできないはずです。異文化を本当に理解したら、自分の価値観はなくなるからです。これは、文化人類学の持つジレンマです。

したがって、異文化を理解しようとはせず、尊重すべきと捉えてください。下手に理解しようとすると、悩んでしまいます。

不確実性の高いことが前提の環境の中で、「日本人3．0」として生きることは、まさにナマモノを相手にすることです。だから社会規範に従順なだけだったり、理屈や理論だけ、つまり頭で考えたりしているだけでは、うまくいくわけがありません。「日本人3.0」になるには、決断力と知的反射神経と行動的瞬発力（試みる力）が必要になります。俗に言う「走りながら考える」姿勢が求められます。

読者の皆さんは、自分は「進歩する多様な存在であり、自己の潜在力を開花させることを追求すること」を望んでいると思います。そのためには、どうしても自由と自己選択が必要になります。

自由がなければ、自己選択はできません。また自己選択ができなければ、自由ではありません。両者には、こんな双子の関係が見られます。

いずれにせよ、自分の潜在力の開花を望むなら、変化を自ら起こし、自己選択をしていかなければ前には進みません。

自己の潜在力を開花させるという点から考えれば、変化を歓迎し、自己選択する。つまり、進んで「リスク・テイク」することは、社会で生活し、成長するうえで自然なことであり、良いことではないでしょうか。この認識が、「日本人3.0」になるうえでとても重要です。

「弁当」という枠組みすら超越していく

さて、あなたは自由でありたいと願っていますよね。

自己選択、つまり「リスク」と「ベネフィット」を考慮して判断することを通して、言い換えれば自己のさまざまな自由の実践を通して、人は自由であり続けることができます。

「日本人3.0」を目指す人生とは、まさにこの実践の連続です。

「記憶に残る幕の内弁当はない」という秋元康氏の名言がありますが、日本の教育は、まさに幕の内弁当を製造しているといえます。

いかに制度改革をしようが、基本思想が「何でもかんでも詰め込み」で自発性を尊ぶものではないからです。つまり、自発性すら上からの押しつけであるわけです。

思うに「東大生」とは、最上級の幕の内弁当にたとえられるでしょう。これといって突出してできる科目はないですが、「これといってできない科目はない」を競って頂点に立った存在と言い換えられます。

それをみんなで目指す社会とは、なんとも哀れではないでしょうか。もちろん、これは自戒を込めて述べています。

文科省は、「何を言うか、われわれは真摯に多様な人材育成を目指している」と言いそうですが、しょせんは幕の内弁当のようなバラエティにすぎません。

「日本人3．0」を目指すなら、幕の内弁当ではなく記憶に残る一点豪華主義の弁当、さらに「弁当」という既存の概念すら超えていくべきです。

突き詰めると、「日本人3．0」になるとは、「好きなことを、好きな時に、好きなようにやれると思える状況に自分をいかに置くかを始終模索する」ことといえます。

最後になりますが、読者の皆さんが「日本人3．0」を追求することで自分の潜在力を開花させ、変化の激しい時代での人生を豊かに生き抜いていかれるよう願っています。

本書がただの説明に終わらず、一人でも多くの読者の方の心に、「よし、『日本人3．0』にチャレンジしてやろう」という火がついたのであれば、著者として幸甚です。

本書のアイディアは、筆者が、長らく日本という社会を研究し、日本人が持つ強い「安心」信仰とつながる「リスク・テイク」の忌避を社会的課題として捉えたことに始まります。

最後になりましたが、本書の執筆にあたってアイディアやコメントをくださった方々に感謝を申し上げます。とくに、的確でピンポイントなコメントをいただき、執筆をスムーズに導いてくださった株式会社ワニブックス書籍編集部の内田克弥氏には深く感謝の意を表したいと思います。

小笠原　泰

日本人3・0

著者 小笠原泰

2024年9月10日 初版発行

小笠原泰（おがさわら やすし）
1957年、鎌倉市生まれ。
東京大学文学部卒、米国シカゴ大学社会科学大学院国際政治経済学修士・同経済学大学院経営学修士。マッキンゼー&カンパニー、フォルクスワーゲンドイツ本社、カーギルミネアポリス本社などを経てNTTデータ経営研究所へ入所。同社パートナーを経て、2009年より明治大学国際日本学部教授となる。NHK「白熱教室JAPAN」で放映された大学の講義が話題を呼んだ。
主な著書に『なんとなく、日本人』（PHP新書）、『日本型イノベーションのすすめ』（共著、日本経済新聞出版社）、『2050 老人大国の現実』（共著、東洋経済新報社）などがある。

発行者 髙橋明男
発行所 株式会社ワニブックス
〒150-8482
東京都渋谷区恵比寿4-4-9えびす大黒ビル
ワニブックスHP http://www.wani.co.jp/
（お問い合わせはメールで受け付けております。
HPより「お問い合わせ」へお進みください）
※内容によりましてはお答えできない場合がございます

装丁 小口翔平+村上佑佳（tobufune）
フォーマット 橋田浩志（アティック）
編集協力 山守麻衣（オフィスこころ）
写真 AGEFOTOSTOCK／アフロ【P214】
校正 玄冬書林
編集 内田克弥（ワニブックス）

印刷所 TOPPANクロレ株式会社
DTP 株式会社三協美術
製本所 ナショナル製本

定価はカバーに表示してあります。

ISBN 978-4-8470-6704-4
WANI BOOKOUT http://www.wanibookout.com/
WANI BOOKS NewsCrunch https://wanibooks-newscrunch.com/